Tage des Glücks

Lesestoff für schöne Stunden

Ausgewählt von Simone Frieling
Insel Verlag

Für Charlotte und Elisabeth

insel taschenbuch 2797
Originalausgabe
Erste Auflage 2002
© Insel Verlag Frankfurt am Main und Leipzig 2002

Textnachweise am Schluß des Bandes
Vertrieb durch den Suhrkamp Taschenbuch Verlag
Umschlag nach Entwürfen von Willy Fleckhaus
Umschlagfoto: © Zefa/Raga
Satz: Hümmer GmbH, Waldbüttelbrunn
Druck: Nomos Verlagsgesellschaft, Baden-Baden
Printed in Germany

1 2 3 4 5 6 – 07 06 05 04 03 02

INHALT

»Da ich ein Knabe war, rettet’ ein Gott mich oft«
GLÜCKLICHE LEBENS-ZEITEN

>*Ich sitze und lese einen Dichter*«
GLÜCKLICHE LESE-ZEIT

>*Wie ist der glücklich,*
der mit starkem Flügel entschweben kann«
GLÜCKLICHE ZEITEN AN SCHÖNEN ORTEN

»Hochbeglückt in deiner Liebe«
GLÜCKLICHE ZEIT DER LIEBE

»Warum glauben wir alle,
wir müßten glücklich sein?«
ZEIT DER GLÜCKSSUCHE

Mach uns glücklich –
und wir sind auch gut.
Spruch der Soferim

Zum Glück gibt es keine Vorschriften, wie wir glücklich zu sein haben, und kein Rezept, wie wir es werden können. Etwas ganz Verrücktes kann Ursache unseres Glücks sein, etwas, das kein anderer Mensch teilt. Wir verstehen als Erwachsene oft nicht mehr, warum unsere Kinder glückselig lächeln, wenn sie den Teppich mit Honig einreiben, eine Spinne verspeisen oder so lange Schaum in der Badewanne schlagen, bis er unter der Tür hervorquillt. Wir lächeln aber versonnen, wenn wir uns an glückliche Momente unserer eigenen Kindheit erinnern, liegen sie auch Jahrzehnte zurück. Sofort haben wir den Geschmack auf der Zunge, den Geruch in der Nase und das besondere Licht vor Augen, das damals zu unserem Glück dazugehörte. Daß aber eine blaue Scherbe Ursache unseres Glücks gewesen ist, kommt uns nun fast lächerlich vor. Wenn diese Glasscherbe jetzt vor unserem Fuß läge, würden wir achtlos an ihr vorübergehen. Nur in der Erinnerung ist sie das, was sie einmal für uns war: ein Zauberding, das uns glücklich machte. Die Erinnerungen an glückliche Tage tragen wir ein Leben lang in uns wie ein kostbares Gefäß. Unermeßlich ist die Sehnsucht nach Kinderglück, das nicht wiederholbar ist.

Jedes Glück ist unvergleichlich, sagt Ludwig Marcuse, und vergänglich, möchte ich hinzufügen. Heute stehe ich kopfschüttelnd vor dem Glücksgott meiner Kindheit: dem Kaugummiautomaten. Jetzt sehe ich wohl das, was damals meine Mutter sah: den Hundekot an der Straßenecke genau unter dem Gerät, seine verbeulte Halterung, sein verkratztes Plastikgehäuse. Die verschmierte Metallklappe. Die Kaugummikugeln: Zucker und Farbstoff, das reine Unglück für Zähne.

Wenn ich aber die Augen schließe und vierzig Jahre zurückgehe in der Erinnerung, dann sehe ich mich an eine hellgelb getünchte Hauswand gelehnt, den silbrig schimmernden Gott anlächeln, der mir seinen prallgefüllten, farbenprächtigen Bauch entgegenstreckt. Seine Metallklappe lockt mit hoher Stimme: Komm, hol dir das Glück!

Wie in Trance stehe ich vor dem Automaten, betrachte alle Kugeln, lasse mir keine Farbe entgehen, wäge ab, ob nicht vielleicht ein goldenes Ringlein, ein rubinroter Anhänger noch schöner ist, aber nein: Ich wünsche mir nur eine der Kugeln. Ihr möchte ich die Farbe ablutschen, den süßen Zuckersaft aussaugen und sie stundenlang, ja tagelang in meinem Mund mit mir herumtragen.

Meine rechte Hand schlüpft hinter die Klappe in den kühlen Tunnel, die linke dreht gegen den Widerstand das geldfressende Zahnrädchen nach rechts. Ich habe kein Geld. Ich muß es anders versuchen: nichts. Ich gehe zu einem anderen Automaten, acht liegen in meinem Revier. Keiner gleicht dem anderen, jeder lockt anders: Einer mit Schmuck, ein anderer mit kleinen Schlangen, einer spuckt zwei große, wieder ein anderer drei kleine Kugeln aus. Himmelblau, giftgrün, lackrot, schokobraun und zitronengelb. Den mit den Armbanduhren in Neonfarben wage ich nicht zu berühren, das wäre zuviel des Glücks. Auch den nicht mit dem Brandloch. Da hat jemand mit Gewalt versucht, das Glück zu erzwingen. Das ist mir zuwider. Diebesgut kann nicht glücklich machen.

Ich stehe vor einem älteren Modell, dem unscheinbaren Automaten, dem, der die drei kleinen erdfarbenen Kugeln ausspuckt, die nach Salmiak schmecken. Ich drehe den Hebel, es gibt ein knackendes Geräusch, einen kurzen Ruck, und ich fühle die Kugel. Sie rollt in meine Hand. Ich öffne die Hand: Da liegt es, das süße Glück.

Das wesentliche Element des Glücks der Kindheit ist das lustvolle Einssein mit sich und der Welt. Das Glück ist nichts Abstraktes. Es hat einen Geruch, einen Geschmack und eine Form. Wir Erwachsenen haben uns von den ursprünglichen

Dingen des Glücks weit entfernt, wir sehen sie nicht mehr, obwohl wir sie suchen. Die Dichter aber haben einen anderen Blick, sie sehen, schmecken und riechen das Glück. Sie verfolgen es bis zu seinem Ursprung und erblicken es in der Zukunft. Sie knüpfen ein Netz aus alltäglichem Glück und füllen es mit dem besonderen. Sie beugen sich hinab zu den kleinsten Dingen und lobpreisen sie wie die größten.

Für Robert Browning ist ein Tautropfen genauso glückswürdig wie für Czesław Miłosz der Anblick des Meeres. Tomas Tranströmer erlebt ein wahres Fest, wenn er sich zu einem unscheinbaren Leberblümchen hinunterbeugt. Matthias Claudius will sich vor Freude auf dem Boden wälzen wie ein Kind, um den Frühling zu begrüßen. Franz Werfel lobt am Ende des Tages das Leben. Er wird sich *auf den Rasen niedersetzen, / Und mit der Erde in den Abend fahren. / Oh Erde, Abend, Glück, oh auf der Welt sein!!!*

Natur ist glücklich, sagt Rainer Maria Rilke. Und sie macht glücklich. *Wie ist es schön, wie bin ich glücklich, man spürt schon beinahe die Johannisstimmung – die volle, üppige Reife des Sommers und den Lebensrausch.* So schreibt Rosa Luxemburg in einem Brief aus dem Gefängnis, als sie einmal dort im Hof verweilen durfte.

Besondere Orte machen uns glücklich. Für Clemens Brentano ist es die Heimat, für Charles Baudelaire die Ferne, für Friedrich Nietzsche ein besonderer Platz: der von San Marco.

Lesen macht uns glücklich. Von wie vielen Autoren wissen wir, daß die erste Lektüre, meist von den Eltern vorgelesen, einen großen Einfluß auf ihr Werk haben sollte. *Aber für mich wurde die Bekanntschaft mit diesem Indianerbuche Oceola entscheidend für das ganze Leben. Es erweckte in mir die tiefe, starke Sehnsucht, auch einmal etwas ebenso Herrliches schaffen zu können.* So Selma Lagerlöf.

Menschen machen uns glücklich. *Goldstück, frisch aus der Münze der Natur*, so beschreibt Thomas Hood in der Ode an seinen Sohn sein Vaterglück. Die Liebe zu einem Menschen ist das höchste Glück, das wir im Leben empfinden. *Halt' ich dich in meinen Armen, / Jedem Glück ist meines gleich*, schreibt Marianne von Willemer an Goethe.

Wenn sich aber das Leben dem Ende zuneigt, werden wir dann noch glücklich sein können? *Frühste Zeit und die fernste / gleichen sich sehr*, heißt es bei Ernst Meister. Wieder sind es die Dichter, die uns lehren, nicht nur in der Fülle des Lebens das Glück zu suchen, sondern es auch beim Abschiednehmen im Blick zu haben. Es gibt »bescheidenes« Glück, und es ist nicht weniger intensiv als das große. Stefan George drückt es so aus: *Geloben wir glücklich zu sein / Wenn auch nicht mehr uns beschert ist / Als noch ein rundgang zu zwein.*

Glück ist nicht von Dauer, Glück hat seine Zeit. Diese Anthologie führt uns durch glückliche Tages-Zeiten, durch glückliche Jahres-Zeiten und glückliche Lebens-Zeiten. Ihre Texte bringen uns das Glück näher, öffnen uns die Augen für seine unzähligen Anlässe. Für die kleinen, verborgenen und die großen, strahlenden; denn das größte Geschenk in unserem Leben ist das Glück!

Halte das Glück, wie den Vogel: so leise und lose wie möglich! / Dünkt er sich selber nur frei, bleibt er dir gern in der Hand. (Friedrich Hebbel)

SIMONE FRIELING

»*Es lebe hoch die Freude*«

GLÜCKLICHE TAGES-ZEITEN

Glück – das steigt unheimlich auf und ab:
man findet es viel leichter, als man es festhalten kann;
es wendet sich, wo man's nicht recht beachtet.
Wen es beschweren will, dem gibt es vor der Zeit
und nimmt auch vor der Zeit wieder alles, was es je gibt.
Zum Toren macht es, wem es zu viel leiht.

ROBERT BROWNING
Lied

Das Jahr, wenns frühlingt,
und der Tag wird geborn
morgens um sieben,
der Hang, taubeperlt,
die Lerche beschwingt,
die Schnecke am Dorn:
Gott in seinem Himmel –
Gut stehts um die Welt!

PAUL GERHARDT
Die güldne Sonne

1. Die güldne Sonne
Voll Freud und Wonne
Bringt unsern Grenzen
Mit ihrem Glänzen
Ein herzerquickendes liebliches Licht.
Mein Haupt und Glieder,
Die lagen darnieder,

Aber nun steh ich,
Bin munter und fröhlich,
Schaue den Himmel mit meinem Gesicht.

2. Mein Auge schauet,
Was Gott gebauet
Zu seinen Ehren
Und uns zu lehren,
Wie sein Vermögen sei mächtig und groß,
Und wo die Frommen
Dann sollen hinkommen,
Wenn sie mit Frieden
Von hinnen geschieden
Aus dieser Erden vergänglichem Schoß.

3. Lasset uns singen,
Dem Schöpfer bringen
Güter und Gaben;
Was wir nur haben,
Alles sei Gotte zum Opfer gesetzt.
Die besten Güter
Sind unsre Gemüter;
Dankbare Lieder
Sind Weihrauch und Widder,
An welchen er sich am meisten ergetzt.

4. Abend und Morgen
Sind seine Sorgen;
Segnen und mehren,
Unglück verwehren
Sind seine Werke und Taten allein.
Wenn wir uns legen,
So ist er zugegen,
Wenn wir aufstehen,

So läßt er aufgehen
Über uns seiner Barmherzigkeit Schein.

5. Ich hab erhoben
Zu dir hoch droben
All meine Sinnen;
Laß mein Beginnen
Ohn allen Anstoß und glücklich ergehn!
Laster und Schande,
Des Luzifers Bande,
Fallen und Tücke
Treib ferne zurücke,
Laß mich auf deinen Geboten bestehn!

6. Laß mich mit Freuden
Ohn alles Neiden
Sehen den Segen,
Den du wirst legen
In meines Bruders und Nähesten Haus;
Geiziges Brennen,
Unchristliches Rennen
Nach Gut mit Sünde,
Das tilge geschwinde
Von meinem Herzen und wirf es hinaus!

7. Menschliches Wesen
Was ist's? Gewesen.
In einer Stunde
Geht es zu Grunde,
Sobald das Lüftlein das Todes drein bläst.
Alles in allen
Muß brechen und fallen,
Himmel und Erden

Die müssen das werden,
Was sie vor ihrer Erschaffung gewest.

8. Alles vergehet,
Gott aber stehet
Ohn alles Wanken;
Seine Gedanken,
Sein Wort und Willen hat ewigen Grund,
Sein Heil und Gnaden,
Die nehmen nicht Schaden,
Heilen im Herzen
Die tödlichen Schmerzen,
Halten uns zeitlich und ewig gesund.

9. Gott, meine Krone,
Vergib und schone;
Laß meine Schulden
In Gnad und Hulden
Aus deinen Augen sein abgewandt.
Sonsten regiere,
Mich lenke und führe,
Wie dirs gefället.
Ich habe gestellet
Alles in deine Beliebung und Hand.

10. Willst du mir geben,
Womit mein Leben
Ich kann ernähren,
So laß mich hören
Allzeit im Herzen dies heilige Wort:
Gott ist das Größte,
Das Schönste und Beste,
Gott ist das Süßte

Und Allergewißte,
Aus allen Schätzen der edelste Hort.

11. Willst du mich kränken,
Mit Gallen tränken,
Und soll von Plagen
Ich auch was tragen:
Wohlan, so mach es, wie dir es beliebt.
Was gut und tüchtig,
Was schädlich und nichtig
Meinem Gebeine,
Das weißt du alleine,
Halt niemals keinen zu sehre betrübt.

12. Kreuz und Elende,
Das nimmt ein Ende;
Nach Meeresbrausen
Und Windessausen
Leuchtet der Sonnen erwünschtes Gesicht.
Freude die Fülle
Und selige Stille
Hab ich zu warten
Im himmlischen Garten;
Dahin sind meine Gedanken gericht.

NIKOLAUS LENAU
Die Göttin des Glücks

Was rauscht durch diese Pappeln? – Horchet, Brüder!
Als naht' ein Genius aus Himmelshöhn
Und senkte sich auf ihre Wipfel nieder,
So rauscht es durch den Hain mit leisem Wehn.

Welch Schimmer! Ha! mich faßt ein süßes Bangen!
Ein Mädchen seh' ich dort am Schattenrand
Mit güldnem Fittig, rosenroten Wangen,
Ihr Antlitz ist uns lächelnd zugewandt.

Die Göttin ist's des Glücks! O Brüder, eilet
Und rafft ihn auf, den frohen Augenblick,
Solange noch ihr rascher Flügel weilet;
Denn die verlorne kehret nicht zurück!

Es kommt ein Tag, die frohe Lust verklinget,
Es zieht die Göttin fort im schnellen Flug;
Und diese Hand, die jetzt Becher schwinget,
Hält bebend den bethränten Aschenkrug.

Drum soll, solang' das Mädchen dort uns lächelt
Und manches andre noch, solang' der Wein
Noch schmeckt, die Wange Frühlingsluft umfächelt,
Der eitle Gram von uns geächtet sein!

Das Glas gefüllt! Es lebe hoch die Freude
In euren Herzen! und die Priesterin
Der Freude lebe hoch, die hier uns heute
An ihren Altar rief mit frommem Sinn!

Was ihr auf Erden Liebes habt, es lebe!
Die Maid, die euch mit Küssen labt, sie lebe!
Der Freund, der mit euch lacht und weint, er lebe!
Der Tag, der wieder uns vereint, er lebe!

Dieser Tage Freudentaumel
Und das Festbankett sind schwer zu schildern.
Schwirrende Töne wurden der Laute unablässig entlockt,
Göttliche Schönheit erreichten die neuen Gesänge.
Die besten Musikantinnen sangen die hohen Worte,
Es erkannte die große Kunst, wer mit der Weise vertraut.
Wir waren alle vom selben Wunsche beseelt
Und hegten schweigend den gleichen Gedanken:
»Eine kurze Spanne nur ist dem Menschen beschieden,
Er verweht so schnell wie ein Staubkorn im Wind.
Laßt uns eilen mit schnellen Schritten,
Damit wir als erste die Straßen und Furten erreichen,
Statt in Armut und Elend daheim zu bleiben,
Der Trübsal verfallen für lange Zeit.«

CZESŁAW MIŁOSZ
Stunde

Glimmende Sonne auf Blättern, eiferndes Brummen der
                                                    Hummel,
Irgendwoher, hinterm Fluß, schläfriges Palaver
Und lästiges Hammerklopfen erfreuten nicht mich alleine.
Bevor die fünf Sinne geöffnet wurden und hellwach lauerten,
Eh es begonnen hatte, auf alle, die sterblich sich nennen,
Daß sie wie ich das Leben, das heißt das Glück lobpreisen.

Was ich für mein Leben gern tue

Morgens am frisch gedeckten Frühstückstisch sitzen. In der bauchigen Kaffeekanne spiegelt sich das Zimmer wie in einer jener Glaskugeln wider, mit der die Laubenbesitzer ihre Parzellen verschönen; man hat ein Knollenprofil, blickt man hinein.

Die Sonne steht hinter der Blutbuche im Garten, wo das Rotschwänzchen schreckt und die Amselhähne ihres Gesanges allmählich müde zu werden beginnen und schiefgehaltenen Kopfs die Futterbeschaffung bedenken. Der See ist hinter der gelbgrünen Kulisse, zu der sich die rhythmisch schwingenden Trauerweidenzweige verschränken, fast völlig verschwunden; nur hier und dort funkelt noch ein ätzender Sonnenreflex oder das flirrige Weiß einer Schwanendaune durch das Blättergeflecht.

Auf dem Tisch ist angetreten, was aus der lebensbejahenden Fracht dieser Stunde für Auge und Gaumen Profit zu schlagen gedenkt: Die knusprigen Brötchen, in ihrer goldenen Bräune an gebackene Ferkelhinterteile erinnernd, die Butter, vom Nachtaufenthalt im Eisschrank noch mit einer perligen Gänsehaut überzogen und von einem so verblüffenden Blond, daß man eine Krimhildphysiognomie in sie einritzen möchte. Dann die Eier, im Grunde natürlich Vollkommenheit suggerierend, doch läßt man ihre Gesichtslosigkeit auf sich wirken, mit der sie überall und nirgends hinblicken, auch wieder ein dezentes Gruseln erzeugend, mit dem die wärmenden Mützen, die man ihnen aufgestülpt hat, nun allerdings *auch* nicht gerade versöhnen. Dazu die Radieschen, die ihre kurzgeschnittenen Krautborsten und die weißlichen Kinnbärte eitel in der blankgeputzten Paprikaschote betrachten, die sich, grün vor Zorn, der erdrückenden Übermacht der siegeszuversichtlich lächelnden Tomaten erwehrt.

Und als Höhepunkt, und exakt in der Mitte des Tisches, die Aufschnittplatte dann noch. Sie ist sich ihrer Angriffsfläche bewußt und hat sich flach und mit angelegten gekochten Schinkenohren zwischen Salznapf und Pfeffermühle und Schnittlauchtopf und Petersilienvase geduckt. Allein, Auge und Nase haben sie längst schon entdeckt und brechen bereits zu den ersten folgenschweren Erkundungen auf; wie auch die Wespe, deren Schatten über die marmorbleiche Maserung der Kasslerscheiben dahinzieht, zielstrebig der Zitronenkonfitüre entgegen.

Die Nase jedoch hat jetzt vollauf mit dem beizenden Räucherduft des hauchfein geschnittenen Bündnerfleisches zu tun. Es ist von einem derart tiefempfundenen Rot, als sei es von der Blutbuche draußen ins Zimmer geweht. Und auch an dem herzklopfenerregenden Bratengeruch des rosigen Prager Schinkens flattern die Nasenflügel so schnell nicht vorbei.

Die Augen gehen indessen auf dem speckigen Mosaik des Landleberwurstzipfels spazieren, schleichen lüstern hart an der Schnittkante des noch erfreulich umfangreichen Cornedbeef-Würfels entlang, springen animiert die geweißten Podeste der Cervelatwurststufen hinan und treffen beim Käse dann wieder mit der Nase zusammen, die entzückt den Roquefort belobigt, schnüffelnd dem Boursin das Knoblauchfähnchen bestätigt und der Strenge des Camemberts mit angetan gekräuselter Wurzel begegnet.

Die Zeitung hat so früh noch zu schweigen; Flugzeugunglücke und Morde werden erst *nach* dem Kaffee zur Kenntnis genommen. Auch die Post muß ihren Klatschstoff vorerst noch bei sich behalten; übelnehmerisch schielen die ungeöffneten Briefe mit ihren Markenaugen herüber. Das Frühstück, hat Novalis gesagt, sei die einzige Mahlzeit von philosophischer Dignität. Da kann man es nicht mit Familientratsch und Zahlungsbefehlen belasten.

Es hat keusch wie die Morgenröte zu sein; und Keuschsein

ist nur unwissend möglich; wie sehr der impertinente Geruch der Druckerschwärze, der von der Zeitung aufsteigt, diese Binsenwahrheit jetzt auch bestreitet. Erfolglos natürlich; zumal aus der Küche soeben das morgenverschönernde Kreischen der elektrischen Fruchtpresse dringt. Gleich bringt, in eine Apfelsinen- und Möhrenduftwolke gehüllt, die Zauberin, der man das hier alles verdankt, die Krönung des Ganzen: den Obstsaft herein.

ERICH KÄSTNER
Im Auto über Land

An besonders schönen Tagen
ist der Himmel sozusagen
wie aus blauem Porzellan.
Und die Federwolken gleichen
weißen, zart getuschten Zeichen,
wie wir sie auf Schalen sahn.

Alle Welt fühlt sich gehoben,
blinzelt glücklich schräg nach oben
und bewundert die Natur.
Vater ruft, direkt verwegen:
»'n Wetter, glatt zum Eierlegen!«
(Na, er renommiert wohl nur.)

Und er steuert ohne Fehler
über Hügel und durch Täler.
Tante Paula wird es schlecht.
Doch die übrige Verwandtschaft
blickt begeistert in die Landschaft.
Und der Landschaft ist es recht.

Um den Kopf weht eine Brise
von besonnter Luft und Wiese,
dividiert durch viel Benzin.
Onkel Theobald berichtet,
was er alles sieht und sichtet.
Doch man sieht's auch ohne ihn.

Den Gesang nach Kräften pflegend
und sich rhythmisch fortbewegend
strömt die Menschheit durchs Revier.
Immer rascher jagt der Wagen.
Und wir hören Vatern sagen:
»Dauernd Wald, und nirgends Bier.«

Aber schließlich hilft sein Suchen.
Er kriegt Bier. Wir kriegen Kuchen.
Und das Auto ruht sich aus.
Tante schimpft auf die Gehälter.
Und allmählich wird es kälter.
Und dann fahren wir nach Haus.

HAROLD BRODKEY
Ein glücklicher Tag

Sie hatte gar nichts weiter gesagt, als daß die kleine Delfter
Schale, die sie als Aschbecher gekauft hatte, spottbillig gewesen
sei, und sofort wurde Martin wütend. Er war gerade aus der
Praxis nach Hause gekommen, hatte die halbe Meile vom Bahn-
hof zu Fuß gehen müssen und sah erhitzt und niedergeschlagen
aus. »Spottbillig!« sagte er laut. »Wie kann ein Aschbecher ein
Gelegenheitskauf sein? Wir brauchen keine Aschbecher. Geld-
sparen ist ein gutes Geschäft. Und dann ausgerechnet noch
einen neuen Aschbecher!«

Laura zog die Brauen zusammen und warf den Kopf zurück – aber was dabei herauskam, war ein halbersticktes Lachen. »O Martin, sag bloß nichts mehr über den Aschbecher. Du öffnest nur einen entsetzlichen Abgrund zwischen uns«, sagte sie und kam sich ungeheuer gescheit vor. »Einen entsetzlichen Abgrund«, wiederholte sie lächelnd.

Ohne ein weiteres Wort rannte Martin zur zweiten Etage ihres zweistöckigen Garten-Apartments in Pelham hinauf. Auf halbem Wege zog er sein Jackett aus, und Laura sah, daß sein Hemd an verschiedenen Stellen durchgeschwitzt war. Und dabei war es doch erst Mai. Aber Martin behauptete, es gehöre sich nicht, vor Juni einen Sommeranzug anzuziehen. »Du hast keine Zeit mehr, zu duschen!« rief Laura ihm nach. »Stu kommt in fünfzehn Minuten.«

Martin stöhnte und lief weiter, nach oben. Wenige Sekunden später hörte Laura, wie eine Schublade herausgerissen und wieder zugeknallt wurde. Sie biß sich auf die Lippen. Sie war eine große blonde junge Frau von siebenundzwanzig, mit einem schönen rosigen Gesicht, so gesund und frisch, daß die Menschen – Fremde auf der Straße, Verkäuferinnen, Lehrer – dazu neigten, sie voll Vergnügen anzulächeln. Schon vor langer Zeit hatte sie sich in den Kopf gesetzt, daß sie irgendwie unfreiwillig komisch wirke. Alles, was sie sagte, wurde durch dieses Gefühl belebt. »Ich glaube kaum, daß du aus Geld gemacht bist!« rief sie die Treppe hinauf und grinste. Eine andere Schublade wurde herausgerissen. »O Gott«, murmelte sie. Sie lief auf die Treppe zu, blieb dann aber stehen, drehte sich um und lief nach hinten zur Küche. Hier steckte sie ihren Kopf zum Fenster hinaus. »Faith!« rief sie ihrer dreijährigen Tochter zu, die, ganz in ihr Spiel vertieft, im Sandkasten saß. »Faith, daß du mir ja im Sandkasten bleibst!« Dann lief sie zur Treppe zurück, und auf halber Höhe verlangsamte sie ihren Schritt zu einer normalen Gangart. Martin stand mit nacktem Oberkörper im Schlafzimmer und wühlte in einer Schublade. »Jetzt hab' ich die Lade gerade aufgeräumt«, sagte sie nörgelnd – dabei war das vor vierzehn Tagen gewesen. »Mach bitte keine Unordnung.« Mit zusammengepreßten Lippen wühlte er weiter. »Ich kann doch nichts dafür, wenn dir dein Anzug zu warm ist«, sagte Laura. »Eines Tages wirst du noch froh sein, daß wir einen Delfter Aschbecher haben.«

Immer noch wütend sah Martin sie an.

»Du solltest nicht so oft mit mir böse sein«, klagte Laura, und ihre Augen füllten sich mit Tränen.

»Weinst du tatsächlich?« fragte er mißtrauisch.

»Also das ist doch die Höhe!« schluchzte Laura. »Ach du bist wirklich unmöglich!« Sie warf sich aufs Bett.

Martin kam langsam näher. »Laura?« sagte er ganz sanft. Laura schniffelte. »Laura, wenn du im Frühling ein zweites Kind haben willst, müssen wir sparsam mit unserm Geld umgehen.«

»Ich habe ihn doch von meinem Wirtschaftsgeld bezahlt.«

»Ganz egal – auch das Wirtschaftsgeld ist Geld. Du hättest den Betrag ja auf das Sparkonto einzahlen können.«

»Er hat ja nur zwei Dollar gekostet«, sagte Laura und setzte sich auf. »Zwei schäbige, lächerliche Dollar. Und er ist doch echt Delft. Soll ich dir mal was sagen?« fuhr sie fort und mußte unwillkürlich lächeln: »Du machst dich nämlich gar nicht für mich kaputt – *ich* mache mich für *dich* kaputt.« Sie fand das ungeheuer komisch und brüllte vor Lachen.

Martin starrte auf sie hinunter. »Ach nee!« sagte er. »Frauen leben bekanntlich länger als ihre Männer.« Er stakste ins Badezimmer und machte beide Hähne im Waschbecken auf.

Laura stand auf. Sie ging ihm zögernd nach und lehnte sich gegen die Türfüllung. »Wenn du willst, könnten wir ja Sati praktizieren – ich laß mich mit dir verbrennen . . .« Dann fügte sie schalkhaft hinzu: »Dein Leben kann gar nicht so schwer sein. Wie ich sehe, hast du zugenommen.«

»Verdammt noch mal!« brüllte Martin und beugte sich über

das Waschbecken. »Mußt du mich auch noch beleidigen?« Aber sein Rücken bebte. Laura sah, daß er drauf und dran war, zu lachen.

Unten am Fuß der Treppe stand Faith und rief hinauf: »Warum soll ich denn in meinem Sandkasten bleiben, Mammi?«

Laura dachte einen Augenblick nach; dann sagte sie: »Ich komme schon« und trat in den Korridor. Martin schnippte seinen Waschlappen nach ihr. Laura stieß einen quietschenden Schrei aus und rannte die Treppe hinunter. Ihr Mann verfolgte sie bis zum Treppenabsatz. Dort blieb er stehen und drückte die restlichen Tropfen aus dem Waschlappen über ihrem Kopf aus.

»Doch nicht vor dem Kind!« rief Laura hinauf.

»Ich bin selber kindisch«, antwortete Martin und sah sie ganz seltsam an – unsicher und zärtlich zugleich. »Ich bin noch zu jung für einen Ehemann.« Er drehte sich um und ging die Treppe wieder hinauf.

Laura hatte ihre Tochter mit schwungvoller Geste auf den Arm genommen und war im Begriff, in die Küche zu gehen, als es draußen hupte. Eine dünne, klägliche, ausländische Hupe. »Stu ist da!« rief sie zu ihrem Mann hinauf und rannte in die Küche, um nach dem Essen zu sehen.

Martin rannte ins Schlafzimmer zur Kommode und nahm seine Suche nach einem bequemen Hemd wieder auf. »Endlich!« sagte er und riß ein altes rotweißgestreiftes Baumwollhemd mit leicht ausgefransten Ärmeln aus der unteren Schublade. Das hatte er in seinem zweiten Collegejahr gekauft, das Jahr, in dem er und Stu Stubenkameraden geworden waren. Stu war groß und mager und damals immer hoffnungslos mißgestimmt, während Martin immer fröhlich und kraftvoll und, wenn er es damals auch nicht ahnte, beinahe irrsinnig glücklich gewesen war. Martin spielte Baseball für sein College und Korbball für die Verbindung. Er trank etwas zuviel, weil es alle taten. Jeden Frühling verliebte er sich – irgendwie –, und wenn diese Verliebtheit nicht bis zum Sommer vorhielt, verliebte er sich im nächsten Frühling wieder. Stu hatte ihn bewundert. Stu hatte die fixe Idee gehabt, daß er Martin vor dem Ertrinken retten müsse. Und er hatte andere Vorstellungen, in denen Martin ertrank und er Martins Eltern ein Telegramm schickte. Jetzt stand Martin vor dem Spiegel und hatte ein Sporthemd an, das ihm unter den Armen etwas zu eng war.

Wie er sich da sah, war er ein Meter achtzig groß, achtundzwanzig Jahre alt, hatte breite Schultern und ein quadratisches, liebenswürdiges Gesicht.

Er riß sich vom Spiegel los, während er noch sein Hemd zuknöpfte. Zwei Knöpfe hatte er noch zuzumachen, als er aus dem Hause zur Vorhalle stürzte. Stu war um das Verkehrsrondell am Ende der Sackgasse gefahren und versuchte sich in einen winzigen Parkplatz zwischen zwei Autos zu zwängen – und das, obwohl es rings um die Kurve genügend freie Plätze hatte, die groß genug gewesen wären, um Lastwagen hinzustellen.

Durch das geöffnete Schiebedach des kleinen ausländischen Wagens erschien Stus Hand, die mit Daumen und Zeigefinger einen Kreis beschrieb. Dazu ertönte herausfordernd der Pfiff. Martin beobachtete Stu, wie er sein Auto zurückriß, nach vorn preschte, das Steuer hin und her wirbelte und es beim drittenmal schaffte. »Keine dieser amerikanischen Riesenwannen könnte das«, rief Stu heraus, während er das Schiebedach schloß.

Martin knöpfte sein Hemd fertig zu und stand, die Hände in den Hosentaschen, unsicher zur Straße hinüber lächelnd und sich ans College erinnernd, da, ohne sich dessen wirklich bewußt zu sein.

Zwei kleine, ungefähr siebenjährige Buben näherten sich langsam dem Wagen und begannen mit Stu zu sprechen. Stu, der versuchte, beim Aussteigen keine Notiz von ihnen zu nehmen, brachte es fertig, sich zwischen Sitz und Steuer einzuzu-

33

klemmen. Das Blut stieg ihm zu Kopf. »Warum müssen Sie auch so einen kleinen Wagen fahren, Mister?« sagte einer der beiden. Martin machte kehrt und ging ins Haus. Stu sollte nicht wissen, daß er den Vorfall beobachtet hatte.

Eine Minute später erschien Stu an der Haustür, noch immer rot von der Blamage. »Skrofulöse Bankerte«, murmelte er und stampfte mit wagnerianischem Zorn die Treppe zum Badezimmer hinauf.

Martin verdrückte sich in die Küche. Laura hatte zwei Büchsen Bier oben auf dem Eisschrank bereitgestellt. »Haben wir keinen Whisky, den wir unsern Gästen anbieten können?« fragte er vorwurfsvoll.

»Wir müssen sparen.«

Faith saß in einem Stuhl am Tisch und aß Spaghetti und Gurken, ihr Lieblingsessen. »Tony hat mir Sand in die Augen geschmissen«, erzählte sie ihrem Vater.

»Schon wieder!« rief Martin aus. Er sah so groß und besorgt aus, so unsicher und hilflos vor dem Mysterium, eine Tochter aufzuziehen, daß Laura sich plötzlich in einem Gefühl inniger Liebe zurückbeugte. Martin neigte sich über sie und küßte sie.

»Vielleicht versuchst du mal zur Abwechslung, mich richtig zu küssen!« sagte Laura wütend. »Peck, peck, peck, immer nur diese flüchtigen Küsse. Es ist überhaupt ein Wunder, daß ich dir treu bleibe.«

»Hör' verdammt noch mal auf, so zu reden!« fuhr Martin sie mit dunkelrotem Gesicht an.

Laura kuschelte sich an seine Brust. »Du bist ja eifersüchtig«, sagte sie. Besänftigend fügte sie hinzu: »Ich bin froh, daß du eifersüchtig bist.«

Martins Herz schlug ruhiger; Laura hörte es durch das alte verblichene Sporthemd.

»Ich bin nicht eifersüchtig«, antwortete er. »Sind das Lammkoteletts, die ich da rieche? Wunderbar.«

34

»Sie waren billig«, sagte Laura zu ihm. »Wahrscheinlich sind sie zäh.«

Martin nahm die Büchsen mit Bier und stellte sie auf ein Tablett mit Gläsern und einem Büchsenöffner. Dann nahm er das Tablett, trug es ins Wohnzimmer und sang dabei: »Armut, Armut, Armut.«

Stu war auf halber Treppe. Er hatte sein Jackett über dem Arm und war dabei, seine Krawatte zu lockern. Erbittert sah er Martin an. »Wenn du dich wegen meines Autos über mich lustig machst, bring ich dich um.«

»Mein Gott, was ist denn los?« rief Martin aus. »Alle Welt ist so böse. Was hast du denn bloß?«

»Ich weiß es nicht«, sagte Stu. »Ich nehme an, es ist das verletzte Ego.«

Es klang fast, als schäme er sich ein wenig. Er warf sein Jackett und seine Krawatte auf einen Stuhl und sah dann Martin fragend an. Das hieß, er wollte wissen, ob Laura wohl etwas gegen das Jackett auf dem Stuhl einzuwenden habe. Martin zuckte die Achseln. Stu tat das gleiche, und beide setzten sich. Stu wählte einen niedrigen, modernen Sessel mit Holzlehnen. Er stöhnte. »Also das hier unter mir ist wohl im Augenblick der unbequemste Stuhl der Welt.«

»Er war auch billig«, belehrte ihn Martin. »Was macht die Arbeit?«

»Heute war es die Hölle«, erklärte Stu. »Die Sekretärin meines Chefs ist eine Blutsaugerin. Sie haßt mich.«

»Ich weiß, ich weiß«, beruhigte Martin ihn mit fast väterlichen Gefühlen. »Sekretärinnen sind eine wahre Hölle. Die von meinem Chef leistet stets eine enorme Arbeit – mit den Augen, verstehst du. Und sie hat diesen falschen fremdländischen Tonfall, als wäre sie gerade dem Gänseblümchenbund entschlüpft.«

»Welchem Gänseblümchenbund?« fragte Stu.

»Dem in Vassar, glaube ich«, antwortete Martin. »Du,

35

Laura!« rief er zur Küche hin. »Wo haben sie eigentlich diesen Gänseblümchenbund?«

»Gänseblümchenbund?« fragte eine völlig entgeisterte Stimme. »Ach so, ja, der Gänseblümchenbund, diese Snobs. Ich glaube in Bryn Mawr.«

Stu senkte die Stimme. »Meine Sekretärin ist gar kein schlechtes Geschöpf«, sagte er wohlwollend. »Sie ist halt jung. Und sie ist nett.«

»Hübsch?« fragte Martin und senkte unwillkürlich gleichfalls seine Stimme.

»Soso lala«, meinte Stu. »Dafür ist sie aber gebaut, sag' ich dir. Wirklich toll!«

Laura erschien in der Tür. »Ich kann nicht hören, was ihr sagt. Sprecht doch bitte ein bißchen lauter.« Stu wurde rot und murmelte etwas von der Wasserstoffbombe.

»Weiß Gott«, sagte Martin, »*das* war 'ne Explosion. Hast du die Aufnahmen in den Zeitungen gesehen?« Laura verschwand wieder in die Küche.

»Na klar«, bestätigte Stu. »Dieser Riesenpilz.«

Martin saß so lässig da, daß er fast lag. Er stützte sein Glas Bier gegen seinen Gürtel. »Ich habe das Gefühl, wir sind so gut wie erledigt«, meinte er pessimistisch. »Alle diese verrückten Idioten im Pentagon.«

»Ich weiß, ich weiß«, entgegnete Stu. »Aber unsere nationale Ehre steht auf dem Spiel. In ein paar Monaten werden wir durch Radioaktivität halb verfault sein. Kinder mit zwei Köpfen –«

»He!« rief Laura, »entweder sprecht ihr beide lauter, oder ich komme rein und lasse die Lammkoteletts verkohlen.«

»Sprich lauter, Papi«, echote Faith.

»Wechseln wir das Thema«, flüsterte Martin.

Stu nickte. »Klar.«

»Sag mal, warum verkaufst du den Wagen eigentlich nicht, wenn er dich so wütend macht?« fragte Martin.

»Ich kann ihn nicht verkaufen«, widersprach Stu, »er war ein zu großer Gelegenheitskauf.«

Plötzlich hörte man aus der Küche helles Gelächter. Martin fing auch an zu lachen.

»Was ist denn so komisch daran?« fragte Stu verständnislos.

»Laß nur«, sagte Martin. »Wenn wir dir's erklärten, würdest du's gar nicht so komisch finden.«

»Weißt du, wen ich neulich im Warenhaus getroffen habe?« fragte Laura aus der Küche. »Mary Lou Glover. Vom Smith-College. Du erinnerst dich doch noch an Mary Lou, nicht wahr?«

»Weißt du, was mich wundert?« sagte Stu. »Mich wundert, wo die vielen Nichtstuer herkommen. Du hast wenigstens eine Familie zu Hause. Ich schlage vor«, sagte er, plötzlich besserer Laune, »wir unterhalten uns jetzt mal ein bißchen mit deiner Tochter …«

Faith löffelte gerade eifrig ein Schüsselchen Pudding aus. Sie sah melancholisch zu Stu auf.

»Hello, Stu«, sagte sie.

»Onkel Stu«, korrigierte ihre Mutter.

Stu legte seine eine Hand gewölbt an den Mund und die andere an sein Ohr. »Kling-ling-ling-ling-ling«, sagte er. »Kling-ling! Faith, dein Telephon läutet.«

»Mammi, Onkel Stu ist am Telephon. Er will mich sprechen«, rief Faith begeistert.

»Hello, Faith?« sagte Stu. »Bist du da?«

»*Hello*«, antwortete Faith hingerissen, »ich bin hier.«

Sie saßen um den Eßzimmertisch. Es war acht Uhr, und Faith wurde langsam schläfrig. Zwei brennende Kerzen standen auf dem Tisch, und ihre Flammen flackerten in dem Luftzug, der durch die offenen Fenster hereinkam. Im Kerzenlicht glichen Faith und Laura sich aufs Haar.

»Donnerwetter, war *das* ein gutes Essen«, lobte Stu. »Ich

kann euch gar nicht sagen, wie ich es genieße, hier zu sein. Die ganze Woche war ich so schrecklich nervös.«

»Die Koteletts waren zwar ein wenig zäh«, bemerkte Laura, »aber sie hatten einen wunderbaren Geschmack, fand ich.« Sie hielt sich den Mund zu. »Das hätte ich eigentlich nicht sagen dürfen, nicht wahr?«

»Natürlich darfst du«, versicherte Stu eilig. Er glaubte, sie schäme sich wirklich, und sein Gesicht sah besorgt aus. »Du bist nämlich eine verdammt gute Köchin.«

Laura lächelte und seufzte. »Faith, du hast ja schon Ringe unter den Augen«, sagte sie zu ihrer Tochter. »Ich glaube, wir sollten jetzt langsam zu Bett gehn.«

Faith schmollte. »Ich will aber nicht.« Sie hatte schon ganz glasige Augen von den ausgedehnten Vergnügungen des Abends. Sie lehnte sich vor und schlang die Arme um den Hals ihrer Mutter. »Ich möchte noch nicht, Mammi.«

»Es ist aber höchste Zeit«, sagte Laura.

»Also gut«, meinte Martin. »Laß sie noch ein paar Minuten da. Ich könnte es nicht ertragen, wenn sie jetzt anfinge zu weinen.«

Plötzlich trat tiefe Stille ein. Die Kerzen flackerten. Stu seufzte.

»Bald werden die Glühwürmchen herauskommen«, sagte Laura. »Erst dann kommt es mir richtig wie Sommer vor.«

»Du mußt sie in einen Topf stecken«, murmelte Stu. »Faith kann sie jagen und fangen.«

»Was in einen Topf tun?« fragte Faith. Eine kleine Hand rieb sich das Auge.

»Ich habe als Bub Käfer gesammelt«, erzählte Martin. »Es nimmt mich wunder, ob der Rosenstrauch, den wir eingesetzt haben, blühen wird.«

Faith gähnte. Dieser Augenblick schien sich über alle vier Menschen auszubreiten und sie festzuhalten. »Sie muß jetzt ins Bett. Noch eine Minute länger, und sie ist übermüdet.«

Laura richtete sich in ihrem Stuhl auf, legte die Hände auf die Tischkante und klapperte mit den Augen. »Ich muß mehr mütterliche Autorität entwickeln«, sagte sie. »Komm, Schnukkelputz. Schlafenszeit. *Allez-hop.*« Sie stand auf und nahm gleichzeitig ihre Tochter auf. Faith versuchte einen Schrei auszustoßen, war aber so müde, daß nur ein knarriger kleiner Laut herauskam. Ihr Kopf fiel auf die Schulter ihrer Mutter, und Laura trug sie die Treppe hinauf.

Die beiden Männer sahen sich fast scheu an. »Weißt du was«, sagte Martin, »ich habe etwas Scotch. Den habe ich noch gerettet.«

Er ging in die Küche und kam mit zwei Gläsern, einer Schüssel mit Eisstücken und dem Scotch zurück. Er und Stu zogen zur Couch hinüber und ließen sich zum Trinken nieder. Nach einer Weile kam Laura auf Zehenspitzen die Treppe herunter. Ohne sich um die Männer zu kümmern, deckte sie den Tisch ab, trug das Geschirr in die Küche und stapelte es im Abwaschbecken. Sie hatte sich erst gar nicht die Mühe genommen, Licht zu machen, sondern stand am Küchenfenster und schaute hinten in den dunklen Garten hinaus. Fast konnte sie die Glühwürmchen in den belaubten Zweigen sehen. Faith würde sie bestimmt jagen und schreien: »Schau, Mammi, schau!« Stus Stimme redete eintönig weiter. Noch ein Weilchen, dann würde er aufstehen und gehen, weil er in die Stadt zurückfahren mußte. Laura beschloß, Stu zum Abschied einen Kuß zu geben. Sie war zutiefst bewegt. Diese Stimmung hatte sie schon den ganzen Tag verfolgt. Sie starrte ins Dunkel, um sich abzulenken. Dann hatte sie vor, zu Martin hinzugehen und zu ihm zu sagen ...

Aber während sie noch so dastand, wurde ihr plötzlich bewußt, daß sie im Grunde gar nicht den Wunsch hatte, auch nur irgend etwas zu ihm zu sagen. Sie hätte nur gewünscht, daß dieser Tag ewig so weiterginge und nie ein Ende nähme, daß alle seine Freuden ungetrübt blieben und sich nicht änderten, ohne neue Ereignisse, nur immer wieder und wieder dieselben. Denn woher sollte man wissen, ob dieses Glücksgefühl je wiederkäme? Oder wenn es wiederkehrte, ob es dann auch so schön wäre wie das heutige? Laura seufzte und wischte sich verstohlen die Augen. Das leidige war, daß das Glücklichsein gleichzeitig etwas Beängstigendes hatte.

EUGENIO MONTALE
Glorie des Mittags

Glorie des Mittags, weithin ausgebreitet,
wenn keinen Schatten mehr die Bäume werfen,
und von des Lichtes Überfülle mehr
und mehr sich Anschein und Kontur entschärfen.

Hoch steht die Sonne, – trocken liegt das Bett
des Flusses, und mein Tag ist nicht vergangen:
Die schönere Stunde liegt jenseits der Mauer
in einem fahlen Dämmerlicht gefangen.

Die Trockenheit geht um; der Martinsvogel
kreist flatternd um ein Restchen Leben.
Der gute Regen kommt von fern gezogen,
jedoch im Warten ist das Glück gegeben.

CZESŁAW MIŁOSZ
Gabe

Der Tag war so glücklich.
Der Nebel fiel früh herab, ich hatte im Garten zu schaffen.
Die Kolibris rasteten an der Blüte des Kaprifoliums.
Es gab in der Welt kein Ding, das ich hätte haben wollen.
Ich kannte niemanden, den ich beneiden müßte.
Was Böses geschehen war, hab ich vergessen.
Ich schämte mich nicht zu denken, ich sei, wer ich bin.
Ich spürte keinerlei Schmerz im Leibe.
Aufgerichtet sah ich das blaue Meer und die Segel.

GIACOMO LEOPARDI
Samstag im Dorf

Vom Feld kehrt heim die junge Bauerndirne,
Indes die Sonne sinkt,
Mit ihrem Bündel Gras. Wie in der Hand
Der Strauß von Rosen und von Veilchen winkt!
Er ist's, der morgen blinkt
An Busen, Haar und Kleid,
Wenn sie, wie allezeit, zum Fest sich schmückt.
Die Alte sitzt gebückt,
Spinnend, mit Nachbarinnen auf der Schwelle
Und blickt ins Weite, wo der Tag hinabgeht.
Und sie erzählt von ihrer guten Zeit,
Als sie zum Feiertage noch sich schmückte,
Die Schlanke noch und Schnelle,
Wie abends sie getanzt mit dem und diesem,
Der ihren schönen Jahren war Geselle.
Nun ist der Glanz verglommen,
Tiefblau der Äther; doch jetzt schattet's wieder

Auf Hügeln und auf Dächern,
Weil hellen Lichts der junge Mond gekommen.
Der Glocke Ton verkündet
Den nahen Feiertag;
Und dieses Läutens, meinst du,
Getröste sich dein Herz.
Mit frohem Lärmen füllen
Den kleinen Platz die Kinder;
Ein Springen ist's, ein Spielen,
Ein ganzer Jubelchor.
Indes kehrt heim an seinen schmalen Tisch
Pfeifend der Bauersmann;
Verführerisch winkt ihm der Ruhetag.

Und wenn sich sonst das Licht der Nacht ergeben,
Und nirgend sonst ist Leben,
Hörst du den Hammer klopfen, hörst die Säge
Des Schreiners, der in seiner
Verschlossnen Werkstatt bei der Lampe wacht
Und müht sich und beeilt sich,
Sein Werk zu enden, eh das Frührot aufgeht.

Dies ist der sieben Tage schönster Tag.
Hoffnung und Freude schwingen
Im Herzen; morgen bringen
Die Stunden Trübsal und Verdruß. Das Denken
Geht wieder den gewohnten Plagen nach.
O froher, flinker Knabe,
Die Zeit des Blühens gleicht
Dem schönsten Tage, der das Finstre bricht,
Der heiter ist und licht;
Ihr folgt das Fest des Lebens, das sie beugt.
Freu dich, mein Kind! Und mög' die Freude währen!
Jetzt ist's wie Traumes Wonnen.

Lang zaudere dein Fest; und hat's begonnen,
– Mehr sag' ich nicht – mög es dich nie beschweren!

FRANZ WERFEL
Der schöne strahlende Mensch

Die Freunde, die mit mir sich unterhalten,
Sonst oft mißmutig, leuchten vor Vergnügen,
Lustwandeln sie in meinen schönen Zügen
Wohl Arm in Arm, veredelte Gestalten.

Ach, mein Gesicht kann niemals Würde halten,
Und Ernst und Gleichmut will ihm nicht genügen,
Weil tausend Lächeln in erneuten Flügen
Sich ewig seinem Himmelsbild entfalten.

Ich bin ein Korso auf besonnten Plätzen,
Ein Sommerfest mit Frauen und Bazaren,
Mein Auge bricht von allzuviel Erhelltsein.

Ich will mich auf den Rasen niedersetzen,
Und mit der Erde in den Abend fahren.
Oh Erde, Abend, Glück, oh auf der Welt sein!!!

DIETER LEISEGANG
Glücklich und endlich

Nachts auf dem Balkon sitzend
Die Fuße überm Geländer
Mit Zigarettenrauchen beschäftigt
Dem Klingeln der Straßenbahn

Und vor allem der Leuchtreklame
Des Reisebüros gegenüber –
So eingebettet in lauter Erfahrungen
Ganz unaufdringlicher Art

Aufgehoben zu sein
Ohne Mitte, ichlos, vorbei
Nur so dahinfließen
Ein Ding unter Dingen

JÜRGEN BECKER
Frühe Abende

Das Gelbwerden des Himmels,
das ich beobachte, abends, mit
einer Sehnsucht, die weiter reicht
als die Wartezeit auf den Regen,
der es gut machen und wieder
aufhören wird, Grün und Geruch
hinterlassend, nur in der Nähe.

WYSTAN HUGH AUDEN
Als ich eines Abends ausging

Als ich eines Abends ausging,
Durch die Bristolstraße schritt,
Da war die Menge am Gehsteig
Ein Weizenfeld vor dem Schnitt.

Ich hörte beim schäumenden Fluß,
Wo der Eisenbahnbogen sich schwang:

›Liebe hat kein Ende.‹
Das war ein Verliebter, der sang.

›Ich liebe dich, Liebe, ich lieb dich,
Bis der Fluß den Berg überspringt,
Bis sich China und Afrika treffen
Und der Fisch auf der Straße singt.

Ich lieb dich, bis vom Wäschestrick
Der trocknende Ozean weht
Und eine schreiende Gänseschar statt
Der sieben Sterne am Himmel steht.

Wie Hasen sollen die Jahre
Laufen. Mein Arm hält
Die Blume aller Zeiten
Und die erste Liebe der Welt.‹

Von den Glockentürmen der Stadt
Aber scholl es und schrie:
›Laß nicht die Zeit dich trügen,
Du besiegst die Zeit nic.

In den Wühlstollen des Alptraums,
Wo Gerechtigkeit nackt sein muß,
Wartet die Zeit unter Schatten
Und hustet vor deinem Kuß.

In Kopfschmerz und in Sorgen
Wird das Leben im Nebel verstreut,
Die Zeit tut, was ihr einfällt,
Morgen oder heut.

In viele grüne Täler
Weht der schlimme Schnee;
Zeit bricht die verschlungenen Tänze
Und des Tauchers Sprung in die See.

O tauch deine Hände ins Wasser,
Tauch ein bis ans Handgelenk,
Starre, starre ins Becken
Und was du versäumt hast, denk.

Der Gletscher poltert im Kasten,
Im Bett die Wüste ächzt,
Bis die Straße ins Land der Toten
Aus dem Sprung in der Teetasse wächst.

Wo die Bettler Banknoten verlottern
Und der Riese die Kinder nicht frißt,
Und der Däumling ein schrecklicher Raufbold
Und Mariechen gefallen ist.

O schau, schau in den Spiegel,
Schau deinen Kummer an;
Dir auch ist Leben ein Segen,
Dir, der nicht segnen kann.

O steh, steh beim Fenster,
Jetzt kommt der Träne Schmerz;
Du sollst lieben den krummen Nachbar
Mit deinem krummen Herz.‹

Es war spät, spät am Abend,
Keine Glocke rief;
Die Liebenden waren gegangen
Und der Fluß rann tief.

»*Sich verzaubern lassen*«

GLÜCKLICHE JAHRES-ZEIT

TOMAS TRANSTRÖMER
Leberblümchen

Sich verzaubern lassen – nichts ist einfacher. Einer der ältesten Tricks des Erdbodens und des Frühlings: die Leberblümchen. Sie sind irgendwie unerwartet. Sie schießen aus dem braunen Vorjahrsgeraschel an übersehenen Stellen, wo der Blick sonst nie verweilt. Sie brennen und schweben, ja: schweben, und das liegt an der Farbe. Diese eifrige violettblaue Farbe wiegt derzeit nichts. Hier ist Ekstase, aber kleingehalten. »Karriere« – belanglos! »Macht« und »Publizität« – lachhaft! In Ninive oben richteten sie ja einen großen Empfang aus, *sie machten lärm und ein groß getös*. Groß aufgemacht – über allen Häuptern hingen Kristalleuchter wie gläserne Geier. Statt einer solchen prunkvollen und lärmenden Sackgasse eröffnen die Leberblümchen einen Geheimgang zu dem wahren Fest, das ist totenstill.

MATTHIAS CLAUDIUS
Der Frühling. Am ersten Maimorgen

Heute will ich fröhlich, fröhlich sein,
    Keine Weis' und keine Sitte hören;
Will mich wälzen und für Freude schrein,
    Und der König soll mir das nicht wehren;

Denn *er* kommt mit seiner Freuden Schar
    Heute aus der Morgenröte Hallen,
Einen Blumenkranz um Brust und Haar,
    Und auf seiner Schulter Nachtigallen;

Und sein Antlitz ist ihm rot und weiß,
    Und er träuft von Tau und Duft und Segen –

Ha! mein Thyrsus sei ein Knospenreis,
    Und so tauml' ich meinem Freund entgegen.

Die Frühlingsfeier

Nicht in den Ozean der Welten alle
Will ich mich stürzen! schweben nicht,
Wo die ersten Erschaffnen, die Jubelchöre der Söhne
                                    des Lichts, –
Anbeten, tief anbeten! und in Entzückung vergehn!

Nur um den Tropfen am Eimer,
Um die Erde nur, will ich schweben, und anbeten!
Halleluja! Halleluja! Der Tropfen am Eimer
Rann aus der Hand des Allmächtigen auch!

Da der Hand des Allmächtigen
Die größeren Erden entquollen!
Die Ströme des Lichts rauschten, und Siebengestirne wurden,
Da entrannest du, Tropfen, der Hand des Allmächtigen!

Da ein Strom des Lichts rauscht', und unsre Sonne wurde!
Ein Wogensturz sich stürzte wie vom Felsen
Der Wolk' herab, und den Orion gürtete,
Da entrannest du, Tropfen, der Hand des Allmächtigen!

Wer sind die tausendmal tausend, wer die Myriaden alle,
Welche den Tropfen bewohnen, und bewohnten?
                                    und wer bin ich?
Halleluja dem Schaffenden! mehr wie die Erden, die quollen!
Mehr, wie die Siebengestirne, die aus Strahlen
                                    zusammenströmten! –

Fern im Osten wird es helle

Fern im Osten wird es helle,
Graue Zeiten werden jung;
Aus der lichten Farbenquelle
Einen langen tiefen Trunk!
Alter Sehnsucht heilige Gewährung,
Süße Lieb in göttlicher Verklärung!

Endlich kommt zur Erde nieder
Aller Himmel selges Kind,
Schaffend im Gesang weht wieder
Um die Erde Lebenswind,
Weht zu neuen ewig lichten Flammen
Längst verstiebte Funken hier zusammen.

Überall entspringt aus Grüften
Neues Leben, neues Blut;
Ewgen Frieden uns zu stiften,
Taucht er in die Lebensflut;
Steht mit vollen Händen in der Mitte,
Liebevoll gewärtig jeder Bitte.

Lasse seine milden Blicke
Tief in deine Seele gehn,
Und von seinem ewgen Glücke
Sollst du dich ergriffen sehn.
Alle Herzen, Geister und die Sinnen
Werden einen neuen Tanz beginnen.

Greife dreist nach seinen Händen,
Präge dir sein Antlitz ein,
Mußt dich immer nach ihm wenden,

Blüte nach dem Sonnenschein;
Wirst du nur das ganze Herz ihm zeigen,
Bleibt er wie ein treues Weib dir eigen.

Unser ist sie nun geworden,
Gottheit, die uns oft erschreckt,
Hat im Süden und im Norden
Himmelskeime rasch geweckt,
Und so laßt im vollen Gottes-Garten,
Treu uns jede Knosp und Blüte warten.

LUDWIG UHLAND
Frühlingsglaube

Die linden Lüfte sind erwacht,
Sie säuseln und weben Tag und Nacht,
Sie schaffen an allen Enden.
O frischer Duft, o neuer Klang!
Nun, armes Herze, sei nicht bang!
Nun muß sich alles, alles wenden.

Die Welt wird schöner mit jedem Tag,
Man weiß nicht, was noch werden mag,
Das Blühen will nicht enden.
Es blüht das fernste, tiefste Tal:
Nun, armes Herz, vergiß der Qual!
Nun muß sich alles, alles wenden.

Vorfrühling

In dieser Märznacht
   trat ich spät aus meinem Haus.
Die Straßen waren aufgewühlt von Lenzgeruch
   und grünem Saatregen.
Winde schlugen an. Durch die verstörte Häusersenkung
   gieng ich weit hinaus
Bis zu dem unbedeckten Wall und spürte:
   meinem Herzen schwoll ein neuer Takt entgegen.

In jedem Lufthauch
   war ein junges Werden ausgespannt.
Ich lauschte,
   wie die starken Wirbel mir im Blute rollten.
Schon dehnte sich bereitet Acker.
   In den Horizonten eingebrannt
War schon die Bläue hoher Morgenstunden,
   die ins Weite führen sollten.

Die Schleusen knirschten.
   Abenteuer brach aus allen Fernen.
Überm Kanal, den junge Ausfahrtwinde wellten,
   wuchsen helle Bahnen,
In deren Licht ich trieb.
   Schicksal stand wartend in umwehten Sternen.
In meinem Herzen lag ein Stürmen
   wie von aufgerollten Fahnen.

KARL KRAUS
Verwandlung

Stimme im Herbst, verzichtend über dem Grab
auf deine Welt, du blasse Schwester des Monds,
süße Verlobte des klagenden Windes,
schwebend unter fliehenden Sternen –

raffte der Ruf des Geists dich empor zu dir selbst?
nahm ein Wüstensturm dich in dein Leben zurück?
Siehe, so führt ein erstes Menschenpaar
wieder ein Gott auf die heilige Insel!

Heute ist Frühling. Zitternder Bote des Glücks,
kam durch den Winter der Welt der goldene Falter.
Oh knieet, segnet, hört, wie die Erde schweigt.
Sie allein weiß um Opfer und Thräne.

GOTTFRIED BENN
Letzter Frühling

Nimm die Forsythien tief in dich hinein
und wenn der Flieder kommt, vermisch auch diesen
mit deinem Blut und Glück und Elendsein,
dem dunklen Grund, auf den du angewiesen.

Langsame Tage. Alles überwunden.
Und fragst du nicht, ob Ende, ob Beginn,
dann tragen dich vielleicht die Stunden
noch bis zum Juni mit den Rosen hin.

RAINER MARIA RILKE
Natur ist glücklich

Natur ist glücklich.   Doch in uns begegnen
sich zuviel Kräfte, die sich wirr bestreiten:
wer hat ein Frühjahr innen zu bereiten?
Wer weiß zu scheinen?   Wer vermag zu regnen?

Wem geht ein Wind durchs Herz, unwidersprechlich?
Wer faßt in sich der Vogelflüge Raum?
Wer ist zugleich so biegsam und gebrechlich
wie jeder Zweig an einem jeden Baum?

Wer stürzt wie Wasser über seine Neigung
ins unbekannte Glück so rein, so reg?
Und wer nimmt still und ohne Stolz die Steigung
und hält sich oben wie ein Wiesenweg?

SEAMUS HEANEY
Mai

Als ich von der Brücke herunterblickte, zersprangen Forellen
den Himmel in Splitter, die Steine der Mauer wärmten mich.

Watende grüne Stengel, Blattknäuel, die sich entwirren und
quetschen (ihre winzigen Quellen von Saft). Meine Schuhspit-
zen perlen jetzt

über die weiche Fontanelle Irlands. Ich sollte Fellschuhe tragen,
das Fell meiner Haut zugekehrt, um auf diesem Boden zu gehen:

war da nicht eine Heilquelle, deren grasige Kappe herabhing?
Und dann der Brunnen, der direkt über die asphaltierte Straße
hervorsprudelte.

Ich bin darauf aus, dieses Dorf zu finden, seine niedrigen Fen-
stersimse duften von Wiesenschaumkraut und Scharbocks-
kraut, Sumpflichter in der Sommerdunkelheit.

TOMAS TRANSTRÖMER
Atempause Juli

Wer rücklings unter den hohen Bäumen liegt,
ist auch da oben. Er strömt in Tausende von Zweigen aus,
schaukelt hin und her,
sitzt in einem Schleudersitz, der in Zeitlupentempo wegfliegt.

Wer unten an den Bootsstegen steht, blinzelt den Wassern zu.
Die Bootsstege altern schneller als Menschen.
Sie haben silbergraues Holz und Steine im Magen.
Das blendende Licht schlägt tief hinein.

Wer den ganzen Tag in offenem Boot
über die glitzernden Buchten fährt,
wird schließlich in einer blauen Lampe einschlummern,
während die Inseln über das Glas kriechen wie große
Nachtfalter.

An Sophie Liebknecht aus dem Gefängnis

Sonjuscha, wissen Sie, wo ich bin, wo ich Ihnen diesen Brief schreibe? Ich habe mir ein kleines Tischchen herausgeschleppt und sitze nun versteckt zwischen grünen Sträuchern. Rechts von mir die gelbe Zierjohannisbeere, die nach Gewürznelken duftet, links ein Ligusterstrauch ... und vor mir rauscht langsam mit ihren weißen Blättern die große, ernste und müde Silberpappel ... In der Gefängniskirche ist Gottesdienst; dumpfes Orgelspiel dringt undeutlich heraus, gedeckt vom Rauschen der Bäume und dem hellen Chor der Vögel ... Wie ist es schön, wie bin ich glücklich, man spürt schon beinahe die Johannisstimmung – die volle, üppige Reife des Sommers und den Lebensrausch.

DETLEV VON LILIENCRON
Einen Sommer lang

Zwischen Roggenfeld und Hecken
Führt ein schmaler Gang;
Süßes, seliges Verstecken
Einen Sommer lang.

Wenn wir uns von ferne sehen,
Zögert sie den Schritt,
Rupft ein Hälmchen sich im Gehen,
Nimmt ein Blättchen mit.

Hat mit Ähren sich das Mieder
Unschuldig geschmückt,
Sich den Hut verlegen nieder
In die Stirn gerückt.

Finster kommt sie langsam näher,
Färbt sich rot wie Mohn;
Doch ich bin ein feiner Späher,
Kenn die Schelmin schon.

Noch ein Blick in Weg und Weite,
Ruhig liegt die Welt,
Und es hat an ihre Seite
Mich der Sturm gesellt.

Zwischen Roggenfeld und Hecken
Führt ein schmaler Gang;
Süßes, seliges Verstecken
Einen Sommer lang.

ERICH KÄSTNER
Prima Wetter

Wo sind die Tage, die so traurig waren
und deren Traurigkeit uns so bezwang?
Die Sonne scheint. Das Jahr ist sich im klaren.
Es ist, um schreiend aus der Haut zu fahren
und als Ballon den blauen Himmel lang!

Die grünen Bäume sind ganz frisch gewaschen.
Der Himmel ist aus riesenblauem Taft.
Die Sonnenstrahlen spielen kichernd Haschen.
Man sitzt und lächelt, zieht das Glück auf Flaschen
und lebt mit sich in bester Nachbarschaft.

Man könnte, denkt man, wenn man wollte, fliegen.
Vom Stuhle fort. Mit Kuchen und Kaffee.
Auf weißen Wolken wie auf Sofas liegen

und sich gelegentlich vornüber biegen
und denken: »Also das dort ist die Spree.«

Man könnte sich mit Blumen unterhalten
und Wiesen streicheln wie sein Fräulein Braut.
Man könnte sich in tausend Teile spalten
und vor Begeisterung die Hände falten.
Sie sind nur gar nicht mehr dafür gebaut.

Man zieht sich voller Zweifel an den Haaren.
Die Sonne scheint, als hätte es wieder Sinn.
Wo sind die Tage, die so traurig waren?
Es ist, um förmlich aus der Haut zu fahren.
Die größte Schwierigkeit ist nur: Wohin?

EDUARD MÖRIKE
An einem Wintermorgen, vor Sonnenaufgang

O flaumenleichte Zeit der dunkeln Frühe!
Welch neue Welt bewegest du in mir?
Was ist's, daß ich auf einmal nun in dir
Von sanfter Wollust meines Daseins glühe?

Einem Kristall gleicht meine Seele nun,
Den noch kein falscher Strahl des Lichts getroffen;
Zu fluten scheint mein Geist, er scheint zu ruhn,
Dem Eindruck naher Wunderkräfte offen,
Die aus dem klaren Gürtel blauer Luft
Zuletzt ein Zauberwort vor meine Sinne ruft.

Bei hellen Augen glaub' ich doch zu schwanken;
Ich schließe sie, daß nicht der Traum entweiche.
Seh ich hinab in lichte Feenreiche?

59

Wer hat den bunten Schwarm von Bildern und Gedanken
Zur Pforte meines Herzens hergeladen,
Die glänzend sich in diesem Busen baden,
Goldfarb'gen Fischlein gleich im Gartenteiche?

Ich höre bald der Hirtenflöten Klänge,
Wie um die Krippe jener Wundernacht,
Bald weinbekränzter Jugend Lustgesänge;
Wer hat das friedenselige Gedränge
In meine traurigen Wände hergebracht?

Und welch Gefühl entzückter Stärke,
Indem mein Sinn sich frisch zur Ferne lenkt!
Vom ersten Mark des heut'gen Tags getränkt,
Fühl ich mir Mut zu jedem frommen Werke.
Die Seele fliegt, so weit der Himmel reicht,
Der Genius jauchzt in mir! Doch sage,
Warum wird jetzt der Blick von Wehmut feucht?
Ist's ein verloren Glück, was mich erweicht?
Ist es ein werdendes, was ich im Herzen trage?
– Hinweg, mein Geist! hier gilt kein Stillestehn:
Es ist ein Augenblick, und Alles wird verwehn!

Dort, sieh, am Horizont lüpft sich der Vorhang schon!
Es träumt der Tag, nun sei die Nacht entflohn;
Die Purpurlippe, die geschlossen lag,
Haucht, halb geöffnet, süße Atemzüge:
Auf einmal blitzt das Auge, und, wie ein Gott, der Tag
Beginnt im Sprung die königlichen Flüge!

THEODOR STORM

Ein grünes Blatt

Ein Blatt aus sommerlichen Tagen,
Ich nahm es so im Wandern mit,
Auf daß es einst mir möge sagen,
Wie laut die Nachtigall geschlagen,
Wie grün der Wald, den ich durchschritt.

»Da ich ein Knabe war,
rettet' ein Gott mich oft.«

GLÜCKLICHE LEBENS-ZEITEN

FRIEDRICH HÖLDERLIN
Da ich ein Knabe war

Da ich ein Knabe war,
  Rettet' ein Gott mich oft
    Vom Geschrei und der Rute der Menschen,
    Da spielt' ich sicher und gut
      Mit den Blumen des Hains,
        Und die Lüftchen des Himmels
          Spielten mit mir.

Und wie du das Herz
Der Pflanzen erfreust,
Wenn sie entgegen dir
Die zarten Arme strecken,

So hast du mein Herz erfreut
Vater Helios! und, wie Endymion,
War ich dein Liebling,
Heilige Luna!

O all ihr treuen
Freundlichen Götter!
Daß ihr wüßtet,
Wie euch meine Seele geliebt!

Zwar damals rief ich noch nicht
Euch mit Namen, auch ihr
Nanntet mich nie, wie die Menschen sich nennen
Als kennten sie sich.

Doch kannt' ich euch besser,
Als ich je die Menschen gekannt,

Ich verstand die Stille des Äthers
Der Menschen Worte verstand ich nie.

Mich erzog der Wohllaut
Des säuselnden Hains
Und lieben lernt' ich
Unter den Blumen.

Im Arme der Götter wuchs ich groß.

LUDWIG HEINRICH CHRISTOPH HÖLTY
Aufmunterung zur Freude

Wer wollte sich mit Grillen plagen,
Solang uns Lenz und Jugend blühn;
Wer wollt in seinen Blütentagen
Die Stirn in düstre Falten ziehn?

Die Freude winkt auf allen Wegen,
Die durch dies Pilgerleben gehn;
Sie bringt uns selbst den Kranz entgegen,
Wann wir am Scheidewege stehn!

Noch rinnt und rauscht die Wiesenquelle,
Noch ist die Laube kühl und grün,
Noch scheint der liebe Mond so helle,
Wie er durch Adams Bäume schien!

Noch macht der Saft der Purpurtraube
Des Menschen krankes Herz gesund,
Noch schmecket in der Abendlaube
Der Kuß auf einen roten Mund!

Noch tönt der Busch voll Nachtigallen
Dem Jüngling hohe Wonne zu,
Noch strömt, wenn ihre Lieder schallen,
Selbst in zerrißne Seelen Ruh!

O wunderschön ist Gottes Erde
Und wert, darauf vergnügt zu sein!
Drum will ich, bis ich Asche werde,
Mich dieser schönen Erde freun!

THOMAS HOOD
Ode an meinen Sohn

Du süßer, süßer Wicht!
(Doch halt – die Trän' abküß ich dir zuvor.)
Du, wie geschnitten mir aus dem Gesicht!
(Liebherz, er rammelt Erbsen sich ins Ohr!)
Du leicht und lachend Blut,
Dem noch vor Lust und Übermut,
Sündlos und schmerzlos, jede Faser zuckt!
(Herr Gott, daß er die Nadel nicht verschluckt!)

Du, aller Streiche voll,
Mein kleiner Puck, mein Elfchen wild und toll!
Du, wie ein Vögelchen so leicht, so munter!
(Die Tür! Die Tür! Er fällt die Treppe hinunter!)
Du, meiner Tage Glück und Würze!

(Nimm ihn vom Feuer! Gleich brennt seine Schürze!)
Du stark und leuchtend Glied
In Hymens Kette! (Fort mit deiner Flinte!)
Der Eltern Abgott! (Bursch, nun bin ichs müd –
Da fließt die Tinte!)

Mein Cherub – ein Genoß
Titanias wärst du, wenn bei Mondesglanz
(Nun kneift er gar die Juno in den Schwanz!)
Im Walde tanzt ihr Troß!
Du Kolibri, der noch aus jeder Blüte
Den Honig saugt des Glückes und der Lust!
Bild aller Reinheit noch und aller Güte!
(Da plumpt er hin – und auf die Nase just!)
Du, deines Vaters Stolz und Hoffen!
(Den Spiegel hätt er auf ein Haar getroffen!)
Goldstück, frisch aus der Münze der Natur!
(Wo lernt' er denn das Schielen nur?)

Du jüngste Taub an meinem Herde!
(Ein Ruck noch, und der Krug liegt auf der Erde!)
Nesthäkchen meines Ehenestes!
(Ist das zerrißne Kleid sein bestes?)
Du, alles Menschtums kleiner Inbegriff!
(Er will den Tisch erklettern – sieh den Kniff!)
Im Morgenrot des Lebens reiner, besser
Als wir. (Er hat das Messer!)
Beneidenswürdig Wesen,
In dessen Zukunft noch kein Sturm zu lesen,

Spiel zu, spiel zu,
Mein Wildfang du,
Schlag Ball, reit auf den Stock, zerreiß die Fibel!
(Da haben wir's – elf Törtchen – ihm wird übel!)
Genieße jubelnd deiner Knabenzeit!

Schneid immer Fratzen! Unverdrossen
Wie auf der Weid ein Lamm, mach deine Possen! ...
Kühn wie der Falk, sanft wie die Taube dort!

(Doch weißt du was, Weib – auf mein Wort,
Ich kann nicht schreiben, schickst du ihn nicht fort!)

ANDRÉ CHÉNIER
Die Flöte

Noch immer dies Erinnern rührend mich bewegt:
Wie einst die Flöte er an meinen Mund gelegt,
Als er aufs Knie mich nahm, mit Lächeln, nah dem
                                        Herzen,
Hieß er Rivalen mich, ja Sieger gar im Scherzen.
Den ungeschickten, unerfahrnen Mund er hieß
Sich formen, bis er rein und klingend blies;
Und seine Hände nahmen meiner Finger Glieder
Und hoben, senkten sie gar oft und immer wieder,
Und lehrten sie, ob sie auch noch so schwach,
Am Holz die Löcher schließen nach und nach.

JOHN UPDIKE
Selbst-Bewußtsein

Zweierlei war in meiner Kindheit für mich besonders wonne-
voll, bevor ich dann (zur selben Zeit, als ich aus Shillington
fortzog) die Masturbation entdeckte. Auf das eine habe ich
bereits angespielt: die Erfahrung, daß Dinge vorübergehen,
daß sie mir ins Bewußtsein dringen und dann, ganz ohne daß
ich daran etwas ändern könnte, weggleiten, ihrem eigenen Ziel
und Ende entgegen. Der Verkehr auf der Philadelphia Avenue
gehörte dazu: das Geräusch von Autoreifen, von einem Motor
schwoll an wie ein Windstoß, der Scheinwerferstrahl schwenk-
te im Bogen über die tapezierten Wände meines kleinen Zimmers, dann erstarben Licht und Geräusch, und das gefährliche,

69

aus Verbrennung und Bewegung bestehende Ding verschwand aus meinem Leben. Um mich in Schlaf zu wiegen, stellte ich mir Baumstämme vor, die einen Fluß hinuntertrieben und dann von einem Wasserfall meinem Blick entrissen wurden. Briefe einwerfen, die Toilettenspülung betätigen, letzte Korrekturfahnen lesen: all das hat die Süße des Erledigten. Der andere Anlaß zu tiefer, kosmischer Freude, auf den ich gleichfalls schon hingedeutet habe, ist eigentlich eine Variante des ersten: das Gefühl, geschützt zu sein, dem Regen entronnen, aber nur um Haaresbreite. Ich drückte mich gegen die kalten Fensterscheiben, um draußen die Tropfen ticken zu hören; ich kauerte mich unter Büsche, bis der Regen durchdrang; ich liebte Hauseingänge, wenn ein Schauer niederging. Meine bescheidene Pflicht war es, bei Regen die Korbsessel auf unserer Seitenveranda mit den Sitzen gegen die Wand zu kippen, und in diesen porösen geflochtenen Höhlen hockte ich dann, fast weinend vor Glück, während der Regen auf das Verandageländer trommelte und an den Blättern der Pergola riß und meinen Korbunterschlupf mit Dunst besprühte, der wie der vergebliche Angriff einer Armee von Atomen war. Bei beiden Spielarten köstlicher Erfahrung ist, der Leser wird es bemerkt haben, der Erfahrende ganz reglos, er hält gleichsam den Atem an, und das, was er erfährt, ist moralisch losgelöst von ihm: er kann, er soll nicht eingreifen in das Fließen, das Strudeln. Er ist nicht verantwortlich, er ist sicher, ist nur Zeuge: der Körper ahmt in diesen entrückten Augenblicken die Position des innersten Ich im Geschlinge der Physiologie, im modernden Gestrüpp von Vererbung und Milieu nach. Früh schon spürte das Kind, das ich einst war, die Schuld in allem, die untrennbar ist vom Schmerz, vom Existenzkampf: der tote Sperling auf dem Rasen, die erschlagenen Fliegen auf der Veranda, der undurchdringliche Blick des Drangsalierers auf dem Schulhof. Die Bürde des Handelns, des Teilhabens muß selbstverständlich getragen werden und hat ihre Freuden. Aber es sind grausame

70

Freuden. In einem Unterschlupf zu kauern und Phänomene vorbeiziehen zu lassen war nicht grausam: es war Ekstase. Das innerste Selbst ist unschuldig, und wenn es von seiner Unschuld kostet, weiß es, es wird für immer leben. Wenn wir vollkommen stillhalten, können wir keine Erschöpfung, keinen Kummer erleiden und werden niemals sterben.

ARNO HOLZ
Aus Phantasus

An einem ersten, blauen Frühlingstag,
in einer Königlich preußischen, privilegierten Apotheke zum
Schwarzen Adler,
bin ich geboren.
Vom nahen Georgenturm,
über den alten Markt der kleinen, weltentlegenen
Ordensritterstadt,
zwischen dessen buntlich rundholprigem Pflaster
noch Gras wuchs,
durch die geöffneten Fenster,
läuteten
die Sonntagsglocken.
Niemand – »ahnte« was.
Zu Mittag
gab's Schweinebraten und geschmorte Backpflaumen,
zum Kaffee schon
war ich
da.
Noch heut,
so oft sie's mir erzählt,
lacht
meine Mutter!
–

Rote Dächer!
Aus den Schornsteinen, hier und da, Rauch,
oben, hoch, in sonniger Luft, ab und zu, Tauben.
Es ist Nachmittag.
Aus Mohdrickers Garten her gackert eine Henne, die ganze
Stadt riecht nach Kaffee.
Daß mir doch das alles noch so lebendig geblieben ist!
Ich bin ein kleiner, achtjähriger Junge
und liege, das Kinn in beide Fäuste, platt auf dem Bauch
und gucke durch die Bodenluke.
Unter mir, steil, der Hof,
hinter mir, weggeworfen, ein Buch.
... Franz Hoffmann ... Die Sklavenjäger ...
Wie still das ist!
Nur drüben in Knorrs Regenrinne
zwei Spatzen, die sich um einen Strohhalm zanken,
ein Mann, der sägt,
und dazwischen, deutlich, von der Kirche her, in kurzen
Pausen, regelmäßig hämmernd,
der Kupferschmied Thiel.
Wenn ich unten runter sehe, sehe ich grade auf Mutters
Blumenbrett:
ein Topf Goldlack, zwei Töpfe Levkoien, eine Geranie
und mittendrin, zierlich in einem Zigarrenkistchen,
ein Hümpelchen Reseda.
Wie das riecht! Bis zu mir rauf!
Und die Farben!
Jetzt! Wie der Wind drüber weht!
Die wunder-, wunderschönen Farben!
Nie
blinkten mir schönere!
Ein halbes Leben, ein ganzes Menschenalter
verrann!
Ich schließe die Augen. Ich sehe sie noch immer.

Vor meinem Fenster
singt ein Vogel.
Still hör ich zu; mein Herz vergeht.
Er singt,
was ich als Kind ... so ganz besaß
und dann – vergessen!

ROBERT MUSIL
Der Mann ohne Eigenschaften

Atemzüge eines Sommertags

Die Sonne war unterdessen höhergestiegen; die Stühle hatten sie wie gestrandete Boote in dem flachen Schatten beim Haus zurückgelassen, und lagen auf einer Wiese im Garten unter der vollen Tiefe des Sommertags. Sie taten es schon eine ganze Weile, und obgleich die Umstände gewechselt hatten, kam es ihnen kaum als Veränderung zu Bewußtsein. Ja eigentlich tat dies auch nicht der Stillstand des Gesprächs; es war hängen geblieben, ohne einen Riß verspüren zu lassen.

Ein geräuschloser Strom glanzlosen Blütenschnees schwebte, von einer abgeblühten Baumgruppe kommend, durch den Sonnenschein; und der Atem, der ihn trug, war so sanft, daß sich kein Blatt regte. Kein Schatten fiel davon auf das Grün des Rasens, aber dieses schien sich von innen zu verdunkeln wie ein Auge. Die zärtlich und verschwenderisch vom jungen Sommer belaubten Bäume und Sträucher, die beiseite standen oder den Hintergrund bildeten, machten den Eindruck von fassungslosen Zuschauern, die, in ihrer fröhlichen Tracht überrascht und gebannt, an diesem Begräbniszug und Naturfest teilnahmen. Frühling und Herbst, Sprache und Schweigen der Natur, auch Lebens- und Todeszauber mischten sich in dem Bild; die Herzen schienen stillzustehen, aus der Brust genommen zu sein, sich dem schweigenden Zug durch die Luft anzu-

schließen. »Da ward mir das Herz aus der Brust genommen«,
hat ein Mystiker gesagt: Agathe erinnerte sich dessen.

Auch wußte sie, daß sie selbst diesen Ausspruch Ulrich aus
einem seiner Bücher vorgelesen hatte.

Hier in dem Garten, nicht weit von dem Platze, wo sie sich
jetzt befanden, war das geschehen. Die Erinnerung wurde voll-
ständiger. Auch andere Aussprüche, die sie ihm ins Gedächtnis
gerufen hatte, fielen ihr ein: »Bist du es, oder bist du es nicht?
Ich weiß nicht, wo ich bin; noch will ich davon wissen!« »Ich
habe alle meine Vermögen überstiegen, bis an die dunkle Kraft!
Ich bin verliebt, und weiß nicht in wen! Ich habe das Herz
von Liebe voll, und von Liebe leer zugleich!« Also klang in ihr
die Klage der Mystiker wieder, in deren Herz Gott so tief ein-
gedrungen ist wie ein Dorn, den keine Fingerspitzen fassen
können. Viele solche selige Klagen hatte sie Ulrich damals vorgelesen. Vielleicht war die Wiedergabe jetzt nicht genau, das
Gedächtnis verfährt etwas befehlshaberisch mit dem, was es zu
hören wünscht; aber sie begriff, was gemeint war, und faßte
einen Entschluß. Wie in diesem Augenblick des Blütenzugs
hatte der Garten also schon einmal geheimnisvoll verlassen
und belebt ausgesehen; und zwar gerade in der Stunde, nachdem ihr die mystischen Bekenntnisse in die Hand gefallen
waren, die Ulrich unter seinen Büchern besaß. Die Zeit stand
still, ein Jahrtausend wog so leicht wie ein Öffnen und Schließen des Auges, sie war ans Tausendjährige Reich gelangt, Gott
gar gab sich vielleicht zu fühlen. Und während sie, obwohl es
doch die Zeit nicht mehr geben sollte, eins *nach* dem andern
das empfand; und während ihr Bruder, damit sie bei diesem
Traum nicht Angst leide, *neben* ihr war, obwohl es auch keinen
Raum mehr zu geben schien: schien die Welt, unerachtet dieser Widersprüche, in allen Stücken erfüllt von Verklärung zu
sein.

In Sand geschrieben

Daß das Schöne und Berückende
Nur ein Hauch und Schauer sei,
Daß das Köstliche, Entzückende,
Holde ohne Dauer sei:
Wolke, Blume, Seifenblase,
Feuerwerk und Kinderlachen,
Frauenblick im Spiegelglase
Und viel andre wunderbare Sachen,
Daß sie, kaum entdeckt, vergehen,
Nur von Augenblickes Dauer,
Nur ein Duft und Windeswehen,
Ach, wir wissen es mit Trauer,
Und das Dauerhafte, Starre
Ist uns nicht so innig teuer:
Edelstein mit kühlem Feuer,
Glänzendschwere Goldesbarre;
Selbst die Sterne, nicht zu zählen,
Bleiben fern und fremd, sie gleichen
Uns Vergänglichen nicht, erreichen
Nicht das Innerste der Seelen.
Nein, es scheint das innigst Schöne,
Liebenswerte dem Verderben
Zugeneigt, stets nah am Sterben,
Und das Köstlichste: die Töne
Der Musik, die im Entstehen
Schon enteilen, schon vergehen,
Sind nur Wehen, Strömen, Jagen
Und umweht von leiser Trauer,
Denn auch nicht auf Herzschlags Dauer
Lassen sie sich halten, bannen;
Ton um Ton, kaum angeschlagen,

Schwindet schon und rinnt von dannen.
So ist unser Herz dem Flüchtigen,
Ist dem Fließenden, dem Leben
Treu und brüderlich ergeben,
Nicht dem Festen, Dauertüchtigen.
Bald ermüdet uns das Bleibende,
Fels und Sternwelt und Juwelen,
Uns in ewigem Wandel treibende
Wind- und Seifenblasenseelen,
Zeitvermählte, Dauerlose,
Denen Tau am Blatt der Rose,
Denen eines Vogels Werben,
Eines Wolkenspieles Sterben,
Schneegeflimmer, Regenbogen,
Falter, schon hinweggeflogen,
Denen eines Lachens Läuten,
Das uns im Vorübergehen
Kaum gestreift, ein Fest bedeuten
Oder wehtun kann. Wir lieben,
Was uns gleich ist, und verstehen,
Was der Wind in Sand geschrieben.

WISŁAWA SZYMBORSKA
Ein großes Glück

Ein großes Glück,
nicht genau zu wissen,
in welcher Welt man lebt.

Man müßte
sehr lange leben,
entschieden länger,
als diese Welt besteht.

Um andere Welten
vergleichsweise kennenzulernen.

Sich über den Körper erheben,
der nichts so gut kann
wie begrenzen
und Umstände schaffen.

Der Forschung,
der Klarheit des Bildes
und den letzten Folgerungen zuliebe
sich über die Zeit erheben,
in der das alles rast und rotiert.

Aus dieser Perspektive
lebt wohl!
ihr Einzelheiten und Episoden.

Das Zählen der Wochentage
müßte sinnlos
erscheinen,

das Einwerfen der Briefe in den Kasten
ein Unfug der Jugend,

das Schild »Rasen betreten verboten«
ein Wahnsinnsverbot.

Fermate

Zwinkernd mit Dornengebüsch:
Augen
hin über Hagebutten und
atmendes Meer.
In den Äther speit Gold
ein raubender Fisch.

Fermate: Braue,
aufgerichteter Horizont.
Sonne als Perle am Grund
und die Wracks
der untersten Tiefe besonnt.
Früheste Zeit und die fernste
gleichen sich sehr.

Komm, was sich Tod heißt,
über den funkelnden Strand!
Komm, hagebuttenrot,
komm, dornenbraun,
zeige dich, komm!
Scherzend mit dir,
bin ich den ältesten
Engeln verwandt.

FRIEDRICH GOTTLIEB KLOPSTOCK
Das Wiedersehn

Der Weltraum fernt mich weit von dir,
So fernt mich nicht die Zeit.
Wer überlebt das siebzigste
Schon hat, ist nah bei dir.

Lang sah ich, Meta, schon dein Grab,
Und seine Linde wehn;
Die Linde wehet einst auch mir,
Streut ihre Blum' auch mir,

Nicht mir! Das ist mein Schatten nur,
Worauf die Blüte sinkt;
So wie es nur dein Schatten war,
Worauf sie oft schon sank.

Dann kenn' ich auch die höhre Welt,
In der du lange warst;
Dann sehn wir froh die Linde wehn,
Die unsre Gräber kühlt.

Dann... Aber ach ich weiß ja nicht,
Was du schon lange weißt;
Nur daß es, hell von Ahndungen,
Mir um die Seele schwebt!

Mit wonnevollen Hoffnungen
Die Abendröte kommt:
Mit frohem, tiefen Vorgefühl,
Die Sonnen auferstehn!

FRIEDRICH HEBBEL
Gebet

Die du, über die Sterne weg
  Mit der geleerten Schale
Aufschwebst, um sie am ewgen Born
  Eilig wieder zu füllen:
Einmal schwenke sie noch, o Glück,
  Einmal, lächelnde Göttin!
Sieh, ein einziger Tropfen hängt
  Noch verloren am Rande,
Und der einzige Tropfen genügt,
  Eine himmlische Seele,
Die hier unten in Schmerz erstarrt,
  Wieder in Wonne zu lösen.
Ach! sie weint dir süßeren Dank
  Als die anderen alle,
Die du glücklich und reich gemacht;
  Laß ihn fallen, den Tropfen!

STEFAN GEORGE
Es lacht in dem steigenden jahr dir

Es lacht in dem steigenden jahr dir
Der duft aus dem garten noch leis.
Flicht in dem flatternden haar dir
Eppich und ehrenpreis.

Die wehende saat ist wie gold noch ·
Vielleicht nicht so hoch mehr und reich ·
Rosen begrüßen dich hold noch ·
Ward auch ihr glanz etwas bleich.

Verschweigen wir was uns verwehrt ist ·
Geloben wir glücklich zu sein ·
Wenn auch nicht mehr uns beschert ist
Als noch ein rundgang zu zwein.

JÜRGEN KROSS
am rand des glücks

wer spräche von dauer.
denkt
er an glück.

des reisigs trocknes bündel.
dir
schwarz und abgeschlagen.

begehst dich
in
des fleisches späte. doch zögernd

schon. am rand des glücks
kaum
atmender. vor solchem ende.

wessen das glück ist. unter
den
weiden. zieht's mit

den wassern dahin. doch leuchtet
an
wolken dir nach.

wo glück liegt blass
an
glattem himmel hin.

dem flug der vögel gleich
zög's
nicht vorüber.

PAUL CELAN
Das ganze Leben

Die Sonnen des Halbschlafs sind blau wie dein Haar eine
                                        Stunde vor Morgen.
Auch sie wachsen rasch wie das Gras überm Grab eines
                                        Vogels.
Auch sie lockt das Spiel, das wir spielten als Traum auf den
                                        Schiffen der Lust.
Am Kreidefelsen der Zeit begegnen auch ihnen die Dolche.

Die Sonnen des Tiefschlafs sind blauer: so war deine
                                        Locke nur einmal.
Ich weilt als ein Nachtwind im käuflichen Schoß deiner
                                        Schwester.
Dein Haar hing im Baum über uns, doch warst du nicht da.
Wir waren die Welt und du warst ein Gesträuch
                                        vor den Toren.

Die Sonnen des Todes sind weiß wie das Haar unsres Kindes:
es stieg aus der Flut, als du aufschlugst ein Zelt auf
                                        der Düne.
Es zückte das Messer des Glücks über uns mit erloschenen
                                        Augen.

»Ich sitze und lese einen Dichter«

GLÜCKLICHE LESE-ZEIT

Bibliothèque Nationale.

Ich sitze und lese einen Dichter. Es sind viele Leute im Saal,
aber man spürt sie nicht. Sie sind in den Büchern. Manchmal
bewegen sie sich in den Blättern, wie Menschen, die schlafen
und sich umwenden zwischen zwei Träumen. Ach, wie gut ist
es doch, unter lesenden Menschen zu sein. Warum sind sie
nicht immer so? Du kannst hingehen zu einem und ihn leise
anrühren: er fühlt nichts. Und stößt du einen Nachbar beim
Aufstellen ein wenig an und entschuldigst dich, so nickt er nach
der Seite, auf der er deine Stimme hört, sein Gesicht wendet
sich dir zu und sieht dich nicht, und sein Haar ist wie das Haar
eines Schlafenden. Wie wohl das tut. Und ich sitze und habe
einen Dichter. Was für ein Schicksal. Es sind jetzt vielleicht
dreihundert Leute im Saale, die lesen; aber es ist unmöglich,
daß sie jeder einzelne einen Dichter haben. (Weiß Gott, was sie
haben.) Dreihundert Dichter gibt es nicht. Aber sieh nur, was
für ein Schicksal, ich, vielleicht der armseligste von diesen Lesenden, ein Ausländer: ich habe einen Dichter.

TAU YÜAN MING
Auf ein Buch gebeugt

Es ist noch früh im Jahr. Die Gräser steigen
In Silberbüscheln zum Gezweig ums Haus.
Das Buch der Landschaft les ich nimmer aus.
Zehntausend Strophen weiß die Drossel. Schweigen

Am Abend dann. Der Acker ist gepflügt.
Ein andres Buch hat mich hinabgenommen.

Ein Wagen hält. Ein Freund ist angekommen.
Ein Buch. Ein Freund. Ein Acker. Das genügt.

Den Wein, den wir nun langsam trinken wollen,
Das Brot, die Früchte hab ich selbst gebaut
Und oft nach einem Regen ausgeschaut.
Ein Windhauch. Kühle. Ferne Donner rollen.

Es ruft das Buch uns alte Zeiten her,
Da wir die alten Seiten leise wenden,
Und langsam lesen wir so die Legenden
Von Berg und Fluß. Mein Freund, was willst du mehr?

FRANCISCO DE QUEVEDO
Aus dem Turm

Fernab der Welt in meinem Einödfrieden,
Mit wenigen, weisen Büchern reich versehen,
Üb ich mich, mit den Toten umzugehen,
Und schauend lausche ich den Abgeschiedenen.

Nicht stets begriffen zwar, geöffnet immer,
Sind hilfreich sie dem eigenen Tun zu Willen,
Und kontrapunktische Musik der Stillen
Dringt in den Lebenstraum als wache Stimme.

Die großen, durch den Tod entrückten Seelen,
Läßt, Rächerin der Zeit und ihrer Wunden,
Die weise Druckkunst aus dem Grab erstehen.

In unhaltbarer Flucht jagen die Stunden;
Doch jene soll allein ein Glücksstein zählen,
Die überm Lesen lernend uns gefunden.

Noch ein Stück Lebensgeschichte

Siebenjährig: Es gibt ein Buch, das »Oceola« heißt. Obgleich es möglich sein kann, daß ich mich nicht recht erinnere und daß es irgendeinen anderen prächtigen exotischen Namen führt. Es ist ein Indianerbuch, wie man heutzutage sagt, aber es ist wohl ursprünglich nicht für Kinder geschrieben, sondern war bestimmt, von großen Leuten gelesen zu werden. Ich weiß nicht, wer es verfaßt hat, ich weiß auch nicht, wann es geschrieben wurde, aber es ist wohl recht alt, da es mehr als vierzig Jahre her ist, seit ich es zum ersten Mal gesehen habe.

Ich lese gerne. Ich pflege jeden Tag auf einem Schemelchen neben Mutter zu sitzen, wenn sie an ihrer Näharbeit arbeitet, und ihr aus Nösselts »Weltgeschichte für Frauenzimmer« vorzulesen. Wir sind durch alle sieben Teile gekommen, aber am besten verstehe ich den ersten Teil mit den vielen Sagen. Ich kann nie aufhören mich zu freuen, wenn Odysseus heimkehrt und die Freier totschießt; aber Hektors und Andromaches Abschied übergehe ich am liebsten, weil ich ihn nicht lesen kann, ohne zu weinen.

Die Frithjof-Sage und Andersens Märchen und Fähnrich Stals Erzählungen sind auch meine guten Freunde, aber einen Roman habe ich noch nie zu lesen versucht. Ich beabsichtige auch gar nicht, mich durch dieses dicke Buch durchzuarbeiten. Es kommt mir vor, als müßte man mehrere Jahre brauchen, um es zu Ende zu lesen; ich will nur hineingucken. Aber das Glück will es, daß ich es gerade an der Stelle aufschlage, wo die Heldin des Buches, die junge, schöne Tochter eines Plantagenbesitzers, beim Bade von einem Alligator überrascht wird. Ich lese, wie sie entflieht und verfolgt wird und in Todesgefahr schwebt. Nie zuvor hat mich ein Buch in solche Spannung versetzt. Ich stehe atemlos und lese, bis der junge, heldenmütige Indianer zu ihrer Rettung herbeieilt und nach einem furchtbaren Kampf mit dem Alligator diesem sein Messer in das Herz stößt.

Nun lese ich Seite um Seite, solange man mich in Frieden läßt. Und sowie ich wieder frei bin, kehre ich zu dem Tisch zurück, wo der Roman noch immer liegt, und lese darin. Ich bin ganz benommen, ganz bezaubert. Tag und Nacht denke ich nur an das Buch. Es ist eine neue Welt, die sich mir plötzlich eröffnet hat. Der ganze Reichtum des Lebens strömt mir zu. Da sind Liebe, Heldenmut, schöne, edle Menschen, niedrige Schurken, Gefahren und Freuden, Glück und Schmerz. Da sind kunstvoll verschlungene Ereignisse, die mich in Spannung und Schrecken versetzen. Da ist alles mögliche, wovon ein kleines siebenjähriges Kind, das auf einem stillen Herrenhof in Värmland aufgewachsen ist, nie zuvor hat reden hören. Man versetze einen der erwachsenen Bewohner der Erde auf einen Stern im Weltenraume. Ich glaube kaum, daß er diese neue Welt mit glühenderem Eifer untersuchen könnte, mit größerem Interesse, mit einem stärkeren Gefühl, wie wunderbar und glücklich er sei, weil er all dies Ungeahnte kennenlernen dürfe.

Fortab lese ich alle Romane, die mir in die Hände fallen. Es läßt sich schwer sagen, wieviel ich von ihnen verstand, aber ein ungeheures Vergnügen bereiteten sie mir. Jetzt sind sie meiner Erinnerung entschwunden, die allermeisten wenigstens.

Wenn ich an diese Zeit zurückdenke, wundert es mich wohl, daß man mich alles lesen ließ, was ich nur fand. Aber ich begreife, daß es Vater und Mutter schwerfiel, mir etwas abzuschlagen. Jene Kränklichkeit, die Tante Wennervik mir prophezeit hatte, war schon eingetreten. Das eine Bein war schwach, und lange Zeit hindurch konnte ich gar nicht gehen. Man fand es nicht zuträglich für mich, daß ich mich mit körperlichen Übungen und Spielen belustigte wie andere Kinder, sondern die Eltern sahen es am liebsten, wenn ich mich still verhielt. Und da sie nun merkten, daß ich mich glücklich fühlte, wenn ich nur ein Buch in der Hand hatte, waren sie froh, daß ich mich auf diese Weise zerstreuen konnte.

Aber für mich wurde die Bekanntschaft mit diesem Indianerbuche Oceola entscheidend für das ganze Leben. Es erweckte in mir die tiefe, starke Sehnsucht, auch einmal etwas ebenso Herrliches schaffen zu können. Dieses Buch bewirkte, daß ich von den frühesten Kindheitsjahren an wußte, daß, was ich in kommenden Tagen am liebsten tun wollte, Romaneschreiben war.

MARCEL PROUST
Auf der Suche nach der verlorenen Zeit

Mama saß an meinem Bett; sie hatte ›François le Champi‹ gewählt, dasjenige von den Büchern, dem sein roter Einband und sein unverständlicher Titel in meinen Augen von vornherein eine ganz persönliche Note und eine geheimnisvolle Anziehungskraft verliehen. Ich hatte noch keine richtigen Romane gelesen, hatte aber sagen hören, daß George Sand eine typische Romanschriftstellerin sei. Dadurch war ich geneigt, mir unter ›François le Champi‹ etwas unbeschreiblich Köstliches vorzustellen. Die Kunstgriffe der Erzählung, durch die die Neugier des Lesers geweckt oder Rührung in ihm hervorgebracht werden soll, eine gewisse Art der Darstellung, die Beunruhigung oder Melancholie erzeugt und in der ein einigermaßen bewanderter Leser etwas allen Romanen Gemeinsames erkennt, schienen mir – da ich ja ein neues Buch nicht als eine Sache unter vielen anderen ähnlichen betrachtete, sondern wie eine einzigartige Persönlichkeit, die ihren Daseinsgrund in sich selber hatte – aus der ganz speziellen Wesenssubstanz von ›François le Champi‹ zu kommen. Unter diesen so alltäglichen Begebenheiten, gewöhnlichen Vorgängen und landläufigen Redensarten spürte ich etwas wie einen fremdartigen Tonfall oder

Akzent. Die Handlung kam ins Rollen; sie kam mir um so dunkler vor, als ich in jenen Zeiten beim Lesen häufig ins Träumen geriet und ganze Seiten lang an etwas anderes dachte. Zu den Lücken, die sich aus dieser Ablenkung der Aufmerksamkeit ergaben, kam noch, daß Mama, wenn sie mir vorlas, alle Liebesszenen überging. So schienen mir alle die merkwürdigen Wandlungen in dem Verhalten der Müllerin und des Kindes, die ihre Erklärung nur in dem Entstehen und Fortschreiten der Liebe finden, von tiefem Geheimnis umgeben, und ich stellte mir gern vor, der Grund davon liege in dem fremden und wohllautenden Namen ›Champi‹, der auf das Kind, das ihn trug, ohne daß ich hätte sagen können, wieso, etwas von seiner lebhaften, warmen, bezaubernden Tönung übertrug. Wenn meine Mutter eine etwas ungetreue Vorleserin war, so war sie doch andererseits für Werke, in denen ein wahres Gefühl aufklang, eine bewundernswerte Interpretin durch die Ehrfurcht und Schlichtheit ihrer Wiedergabe des Textes und durch die Schönheit und Sanftheit ihres Tons. Selbst im Leben, wo es sich nicht um Kunstwerke, sondern um menschliche Wesen handelte, die in ihr Mitgefühl oder Bewunderung weckten, war es rührend zu sehen, mit welcher Rücksichtnahme sie in ihrer Stimme, ihren Bewegungen und Meinungen etwa einen Ausdruck der Heiterkeit vermied, der einer Mutter wehtun konnte, die irgendwann einmal ein Kind verloren hatte, oder eine Anspielung auf ein Fest, einen Jahrestag, die einen Greis an sein hohes Alter hätte erinnern können, jede Berührung wirtschaftlicher Fragen einem jungen Gelehrten gegenüber, den das langweilen würde. Ebenso war sie, wenn sie die Prosa von George Sand vorlas, die jene Güte, jene seelische Vornehmheit atmet, die Mama auf Grund von Großmamas Erziehung allen anderen Dingen im Leben voranstellte – erst später sollte sie durch mich einsehen lernen, daß man sie in Büchern nicht ebenfalls über alles andere stellen dürfe – aufmerksam bedacht darauf, aus ihrer Stimme alle kleinliche

Affektiertheit zu verbannen, die das Auffangen des macht-
vollen Stroms hätte verhindern können; sie legte all die natürliche Zärtlichkeit, die weiche Süße, die sie verlangten, in
diese Sätze hinein, die für ihre Stimme geschrieben schienen
und sich ganz und gar im Nuancenbereich ihres Gefühlslebens
bewegten. Sie fand bei ihrer Wiedergabe genau den herzlichen
Ton, der in ihnen von Anbeginn gelegen haben mußte und den
sie unwillkürlich wieder an sie verwendete, obwohl die Worte
ihn eigentlich nicht ausdrücklich bedingten; durch ihn über-
brückte sie jede Rauheit in der Verwendung der Zeiten und gab
allen Vergangenheitsformen jene sanfte Milde, die auf Güte
beruht, die leise Trauer der Zärtlichkeit, und leitete den aus-
gehenden Satz in den beginnenden in der Weise über, daß sie
den Fall der Silben bald verkürzte, bald verlangsamte, um sie
ohne Rücksicht auf ihre natürliche Länge in einen gleichen
Rhythmus zu bringen; damit aber hauchte sie dieser so belang-
losen Prosa eine Art von unaufhörlich gefühlsbewegtem Leben
ein.

Meine Gewissensbisse waren beschwichtigt, ich überließ
mich ganz der Süße dieser Nacht, in der ich meine Mutter bei
mir hatte. Ich wußte, daß eine solche Nacht nicht wiederkom-
men konnte, daß mein größter Wunsch auf der Welt, nämlich
meine Mutter während der traurigen Stunden der Dunkelheit
bei mir in meinem Zimmer zu haben, allzusehr den Notwen-
digkeiten des Lebens und den Wünschen der anderen widersprach, als daß die ihm heute abend gewährte Erfüllung etwas
anderes hätte sein können als etwas gegen die Regel und sogar beinahe gegen die Natur Verstoßendes. Morgen würde
ich mich wieder genauso ängstigen, und Mama würde nicht
da sein. Doch wenn die Angst verschwunden war, begriff ich
sie nicht mehr; außerdem war morgen noch weit; ich sagte
mir, daß sich bis dahin noch Rat finden werde, obwohl mir ja
ernstlich die Zeit keinen Beistand leisten konnte, da es sich um
Dinge handelte, die außerhalb meines Machtbereichs lagen

und die einzig der Zwischenraum, der mich noch von ihnen trennte, vermeidbar scheinen ließ.

ELIAS CANETTI
Die gerettete Zunge

Unsere Reise ging weiter in die Schweiz, nach Lausanne, wo die Mutter für den Sommer einige Monate Station machen wollte. Sie mietete eine Wohnung in der Höhe der Stadt, mit einer leuchtenden Aussicht auf den See und die Segelboote, die ihn befuhren. Wir stiegen oft nach Ouchy hinunter, gingen am Seeufer spazieren und hörten der Musikkapelle zu, die im Park spielte. Es war alles sehr hell, immer ging eine leichte Brise, ich liebte das Wasser, den Wind und die Segel, und wenn die Musikkapelle spielte, war ich so glücklich, daß ich Mutter fragte: »Warum bleiben wir nicht hier, hier ist es am schönsten.« »Du mußt jetzt Deutsch lernen«, sagte sie, »du kommst nach Wien in die Schule.« Und obwohl sie das Wort ›Wien‹ nie ohne Inbrunst sagte, lockte es mich, solange wir in Lausanne waren, nicht. Denn wenn ich fragte, ob dort ein See sei, sagte sie »Nein, aber die Donau«, und statt der Berge im Savoyischen gegenüber gab es in Wien Wälder und Hügel. Nun hatte ich die Donau schon von klein auf gekannt und da das Wasser, in dem ich mich verbrüht hatte, der Donau entstammte, war ich nicht gut auf sie zu sprechen. Hier aber war dieser herrliche See und Berge waren etwas Neues. Ich wehrte mich hartnäckig gegen Wien, und ein wenig mag es auch darauf zurückzuführen sein, daß wir etwas länger als geplant in Lausanne blieben.

Aber der wirkliche Grund war doch, daß ich erst Deutsch lernen mußte. Ich war acht Jahre alt, ich sollte in Wien in die Schule kommen und meinem Alter entsprach dort die 3. Klasse der Volksschule. Es war für die Mutter ein unerträglicher Gedanke, daß man mich wegen meiner Unkenntnis der Sprache vielleicht nicht in diese Klasse aufnehmen würde und sie war entschlossen, mir in kürzester Zeit Deutsch beizubringen.

Nicht sehr lange nach unserer Ankunft gingen wir in eine Buchhandlung, sie fragte nach einer englisch-deutschen Grammatik, nahm das erste Buch, das man ihr gab, führte mich sofort nach Hause zurück und begann mit ihrem Unterricht. Wie soll ich die Art dieses Unterrichts glaubwürdig schildern? Ich weiß, wie es zuging, wie hätte ich es vergessen können, aber ich kann auch selbst noch immer nicht daran glauben.

Wir saßen im Speisezimmer am großen Tisch, ich saß an der schmäleren Seite, mit der Aussicht auf See und Segel. Sie saß um die Ecke links von mir und hielt das Lehrbuch so, daß ich nicht hineinsehen konnte. Sie hielt es immer fern von mir. »Du brauchst es doch nicht«, sagte sie, »du kannst sowieso noch nichts verstehen.« Aber dieser Begründung zum Trotz empfand ich, daß sie mir das Buch vorenthielt wie ein Geheimnis. Sie las mir einen Satz Deutsch vor und ließ mich ihn wiederholen. Da ihr meine Aussprache mißfiel, wiederholte ich ihn ein paarmal, bis er ihr erträglich schien. Das geschah aber nicht oft, denn sie verhöhnte mich für meine Aussprache, und da ich um nichts in der Welt ihren Hohn ertrug, gab ich mir Mühe und sprach es bald richtig. Dann erst sagte sie mir, was der Satz auf englisch bedeute. Das aber wiederholte sie nie, das mußte ich mir sofort ein für allemal merken. Dann ging sie rasch zum nächsten Satz über, es kam zur selben Prozedur; sobald ich ihn richtig ausgesprochen hatte, übersetzte sie ihn, sah mich gebieterisch an, daß ich mir's merke, und war schon beim nächsten. Ich weiß nicht, wieviel Sätze sie mir das erste Mal zumutete, sagen wir bescheiden: einige; ich fürchte, es waren viele. Sie entließ mich, sagte: »Wiederhole dir das für dich. Du darfst keinen Satz vergessen. Nicht einen einzigen. Morgen machen wir weiter.« Sie behielt das Buch, und ich war ratlos mir selber überlassen.

Ich hatte keine Hilfe, Miss Bray sprach nur englisch, und

während des übrigen Tages weigerte sich die Mutter, mir die Sätze vorzusprechen. Am nächsten Tag saß ich wieder am selben Platz, das offene Fenster vor mir, den See und die Segel. Sie nahm die Sätze vom Vortag wieder her, ließ mich einen nachsprechen und fragte, was er bedeute. Mein Unglück wollte es, daß ich mir seinen Sinn gemerkt hatte, und sie sagte zufrieden: »Ich sehe, es geht so!« Aber dann kam die Katastrophe und ich wußte nichts mehr, außer dem ersten hatte ich mir keinen einzigen Satz gemerkt. Ich sprach sie nach, sie sah mich erwartungsvoll an, ich stotterte und verstummte. Als es bei einigen so weiterging, wurde sie zornig und sagte: »Du hast dir doch den ersten gemerkt, also kannst du's. Du willst nicht. Du willst in Lausanne bleiben. Ich lasse dich allein in Lausanne zurück. Ich fahre nach Wien, und Miss Bray und die Kleinen nehme ich mit. Du kannst allein in Lausanne bleiben!«

Ich glaube, daß ich das weniger fürchtete als ihren Hohn. Denn wenn sie besonders ungeduldig wurde, schlug sie die Hände über dem Kopf zusammen und rief: »Ich habe einen Idioten zum Sohn! Das habe ich nicht gewußt, daß ich einen Idioten zum Sohn habe!« oder »Dein Vater hat doch auch Deutsch gekonnt, was würde dein Vater dazu sagen!«

Ich geriet in eine schreckliche Verzweiflung und um es zu verbergen, blickte ich auf die Segel und erhoffte Hilfe von ihnen, die mir nicht helfen konnten. Es geschah, was ich noch heute nicht begreife. Ich paßte wie ein Teufel auf und lernte es, mir den Sinn der Sätze auf der Stelle einzuprägen. Wenn ich drei der vier von ihnen richtig wußte, lobte sie mich nicht, sondern wollte die anderen, sie wollte, daß ich mir jedesmal sämtliche Sätze merke. Da das aber nie geschah, lobte sie mich kein einziges Mal und entließ mich während dieser Wochen finster und unzufrieden.

Ich lebte nun in Schrecken vor ihrem Hohn und wiederholte mir untertags, wo immer ich war, die Sätze. Bei den Spaziergängen mit der Gouvernante war ich einsilbig und verdrossen.

Ich fühlte nicht mehr den Wind, ich hörte nicht auf die Musik, immer hatte ich meine deutschen Sätze im Kopf und ihren Sinn auf englisch. Wann ich konnte, schlich ich mich auf die Seite und übte sie laut allein, wobei es mir passierte, daß ich einen Fehler, den ich einmal gemacht hatte, mit derselben Besessenheit einübte wie richtige Sätze. Ich hatte ja kein Buch, das mir zur Kontrolle diente, sie verweigerte es mir hartnäckig und erbarmungslos, wohl wissend, welche Freundschaft ich für Bücher empfand und wieviel leichter alles mit einem Buch für mich gewesen wäre. Aber sie hatte die Idee, daß man sich nichts leicht machen dürfe; daß Bücher für Sprachen schlecht seien; daß man sie mündlich lernen müsse und ein Buch erst unschädlich sei, wenn man schon etwas von der Sprache wisse. Sie achtete nicht darauf, daß ich vor Kummer wenig aß. Den Terror, in dem ich lebte, hielt sie für pädagogisch.

An manchen Tagen gelang es mir, mich bis auf ein oder zwei Ausnahmen an alle Sätze und ihren Sinn zu erinnern. Dann suchte ich auf ihrem Gesicht nach Zeichen der Zufriedenheit. Aber ich fand sie nie und das höchste, wozu ich es brachte, war, daß sie mich nicht verhöhnte. An anderen Tagen ging es weniger gut und dann zitterte ich in Erwartung des Idioten, den sie zur Welt gebracht hatte, der traf mich am schwersten. Sobald der Idiot kam, war ich vernichtet und nur mit dem, was sie über den Vater sagte, verfehlte sie ihre Wirkung. Seine Neigung tröstete mich, nie hatte ich ein unfreundliches Wort von ihm bekommen und was immer ich ihm sagte – er freute sich darüber und ließ mich gewähren.

Zu den kleinen Brüdern sprach ich kaum mehr und wies sie schroff, wie die Mutter, ab. Miss Bray, deren Liebling der Jüngste war, die uns aber alle drei sehr mochte, spürte, in welchem gefährlichen Zustand ich war und wenn sie mich dabei ertappte, wie ich alle meine deutschen Sätze übte, wurde sie unmutig und sagte, jetzt sei es genug, ich solle jetzt aufhören, ich wisse schon zu viel für einen Jungen in meinem Alter, sie habe noch nie eine andere Sprache gelernt und komme auch so ganz gut durchs Leben. Überall auf der Welt gäbe es Leute, die Englisch verstünden. Ihre Teilnahme tat mir wohl, aber der Inhalt ihrer Worte bedeutete mir nichts, aus der schrecklichen Hypnose, in der die Mutter mich gefangenhielt, hätte nur sie selber mich erlösen können.

Wohl belauschte ich Miss Bray, wenn sie zur Mutter sagte: »Der Junge ist unglücklich. Er sagt, Madame halten ihn für einen Idioten.« »Das ist er doch!« bekam sie darauf zu hören, »sonst würde ich's ihm nicht sagen!« Das war sehr bitter, es war wieder das Wort, an dem für mich alles hing. Ich dachte an meine Cousine Elsie in der Palatine Road, die zurückgeblieben war und nicht recht sprechen konnte. Von ihr hatten die Erwachsenen bedauernd gesagt: »Sie wird eine Idiotin bleiben.«

Miss Bray muß ein gutes und zähes Herz gehabt haben, denn schließlich war sie es, die mich rettete. Eines Nachmittags, wir hatten uns eben zur Stunde niedergesetzt, sagte die Mutter plötzlich: »Miss Bray sagt, du möchtest gern die deutsche Schrift lernen. Ist das wahr?« Vielleicht hatte ich es einmal gesagt, vielleicht war sie von selber auf die Idee gekommen. Aber da die Mutter während dieser Worte auf das Buch schaute, das sie in der Hand hielt, erfaßte ich gleich meine Chance und sagte: »Ja, das möchte ich. Ich werde es in der Schule in Wien brauchen.« So bekam ich endlich das Buch, um die eckigen Buchstaben daraus zu lernen. Mir die Buchstaben beizubringen, dazu hatte die Mutter schon gar keine Geduld. Sie warf ihre Prinzipien über den Haufen und ich behielt das Buch.

Die schlimmsten Leiden, die einen Monat gedauert haben mögen, waren vorüber. »Aber nur für die Schrift«, hatte die Mutter gesagt, als sie mir das Buch anvertraute. »Sonst üben wir die Sätze mündlich weiter.« Sie konnte mich nicht daran hindern, die Sätze nachzulesen. Ich hatte schon viel von ihr gelernt und irgend etwas *war* daran, an der nachdrücklichen und zwingenden Weise, in der sie mir die Sätze vorsprach. Alles was neu war, lernte ich wie bisher auch weiterhin von ihr. Aber ich konnte, was ich von ihr gehört hatte, später durch Lesen bekräftigen und bestand darum besser vor ihr. Sie hatte keine Gelegenheit mehr, mir »Idiot« zu sagen und war selber erleichtert darüber. Sie hatte sich ernsthaft Gedanken über mich gemacht, erzählte sie nachher, vielleicht war ich der einzige in der weitverzweigten Familie, der für Sprachen kein Geschick hatte. Nun überzeugte sie sich vom Gegenteil und unsere Nachmittage verwandelten sich in lauter Wohlgefallen. Jetzt konnte es sogar vorkommen, daß ich sie in Staunen versetzte und es geschah mitunter gegen ihren Willen, daß ihr ein Lob entfuhr und sie sagte: »Du bist doch mein Sohn.«

Es war eine erhabene Zeit, die jetzt begann. Die Mutter begann mit mir deutsch zu sprechen, auch außerhalb der Stunden. Ich spürte, daß ich ihr wieder nahe war, wie in jenen Wochen nach dem Tod des Vaters. Erst später begriff ich, daß es nicht nur um meinetwillen geschah, als sie mir Deutsch unter Hohn und Qualen beibrachte. Sie selbst hatte ein tiefes Bedürfnis danach, mit mir deutsch zu sprechen, es war die Sprache ihres Vertrauens. Der furchtbare Schnitt in ihrem Leben, als sie 27jährig das Ohr meines Vaters verlor, drückte sich für sie am empfindlichsten darin aus, daß ihr Liebesgespräch auf deutsch mit ihm verstummt war. In dieser Sprache hatte sich ihre eigentliche Ehe abgespielt. Sie wußte sich keinen Rat, sie fühlte sich ohne ihn verloren, und versuchte so rasch wie möglich, mich an seine Stelle zu setzen. Sie erwartete sich sehr viel davon und ertrug es schwer, als ich zu Anfang ihres Unternehmens zu versagen drohte. So zwang sie mich in kürzester Zeit zu einer Leistung, die über die Kräfte jedes Kindes ging, und daß es ihr gelang, hat die tiefere Natur meines Deutsch bestimmt, es war eine spät und unter wahrhaftigen Schmerzen eingepflanzte Muttersprache. Bei diesen Schmerzen war es nicht geblieben, gleich danach erfolgte eine Periode des Glücks, und das hat mich unlösbar an diese Sprache gebunden. Es muß auch den Hang zum Schreiben früh in mir genährt haben, denn um des Erlernens des Schreibens willen hatte ich ihr das Buch abgewonnen und die plötzliche Wendung zum Besseren begann eben damit, daß ich deutsche Buchstaben schreiben lernte.

Sie duldete keineswegs, daß ich die anderen Sprachen aufgab, Bildung bestand für sie in den Literaturen aller Sprachen, die sie kannte, aber die Sprache unserer Liebe – und was war es für eine Liebe! – wurde Deutsch.

SIMONE FRIELING
Abendliche Reise

Ich war vier oder fünf Jahre alt und lag vergnügt in der Mitte des großen, elterlichen Bettes. Dicke Federkissen stützten meinen Rücken. Meine feinen Haare berührten die Schnitzereien des hölzernen Kopfteils, manchmal verfingen sie sich in ihnen, und dann tat es weh, sie wieder zu befreien; so saß ich jetzt ganz still da, ohne mich zu bewegen.

Ich hielt die Beine angewinkelt, die Knie aufgestellt, das große, schwere Federbett zeichnete meinen Körper ungenau nach: ein windschiefer Iglu. Mein Lieblingsbuch, unscheinbar, kaum größer als eine Postkarte, mit dicken Pappseiten, lag auf meinen Knien, auf dem Dach des Iglus. Meine Brüder hatten schon längst kein Interesse mehr an diesem Buch. Und da ich es nicht teilen mußte, konnte ich es eine Zeit dort liegen lassen, ohne es aufzuklappen.

Der Iglu schwankte ein wenig, sein Weiß griff nach dem Blau des Einbands, ein neuer Schatten entstand und trennte den Buchdeckel von seinen Seiten. Auf dem Umschlag stand in großen, schwarzen Buchstaben der Titel. Aber Buchstaben interessierten mich damals noch nicht, ich fuhr sie höchstens mit dem Zeigefinger nach, um zu fühlen, ob ihr Schwarz glatter, rutschiger war als die anderen Farben des Einbands. Ich hatte Spaß daran, meine Fingerkuppe mit Spucke zu befeuchten und sie wie in einer Achterbahn die Rundungen der Buchstaben entlangsausen zu lassen.

Immer wieder hatte ich mir den spärlichen Text, zwei schwarze Schlangen auf jeder Seite, von meiner Mutter vorlesen lassen. Aber er gewann kaum eine Bedeutung für mich. Die Geschichte hätte sich gegen meinen träumerischen Blick durchsetzen, die Häuser und Türme an den Rand drängen, das Blau des Meeres aufsaugen müssen, um mich zu fesseln. Aber sie war ohne Kraft. Deshalb schlug ich das Buch mit einer geübten Drehung gleich in der Mitte auf. Meine Lieblingsseite lag vor mir, ausgebreitet wie ein Schmetterling. Die Leimung war durch das viele Öffnen größer und dunkler geworden. Doch mein Auge störte sich nicht daran und fügte das Bild auf der Doppelseite schnell zusammen. AMERIKA war das Zauberwort, das Kraft genug hatte, sich mit dem Bild zu verbinden.

Kleine spitz und eckig wirkende Männlein hatten in einem Boot Amerika bereist, sie schienen mir aber in ihren blassen Farben und linealgeraden Konturen zu unbedeutend, um irgendwelche Gefahren dabei bestanden zu haben. Sie spielten keine Rolle für mich, sie machten nur den Blick frei für mein gerade jetzt entdecktes Amerika.

War Amerika ein Land, war es eine Stadt? Amerika bestand aus feingezeichneten, blaßkolorierten Hochhäusern, die so zart schienen, daß ich kaum glauben wollte, sie könnten weiter existieren, wenn ich das Buch beiseite legte. Wenn die erste Reihe der Hochhäuser ganz leise und unbemerkt in das blaßblaue Meer rutschen würde, wäre das nicht schlimm, denn es stünden hinter ihr noch viele andere, wie die rosa ziselierten Zuckerstangen auf der Kirmes. War die erste Reihe verkauft, hatte sie nur für die nächste Platz gemacht.

Hatten die Strichmännchen die weite Reise in einem zu flachen Boot hinter sich gebracht und mir den Blick auf ganz

Amerika eröffnet, hatte ich mich sattgesehen an den viel zu hohen, schlanken Häusern (die doch hoffentlich keine Menschen beherbergten), dann konnte ich in das eigentliche Land meiner Träume gehen: über Amerika, nur über Amerika, in die Türkei. Ich hielt mich streng an die Reihenfolge der Seiten, niemals blätterte ich das Buch vom Ende her durch. Das prägte mein Weltbild: die Türkei lag hinter dem durchscheinenden Meer Amerikas, auf der nächsten Doppelseite.

Auch hier fand mein Auge eine feine Zeichnung vor, die leicht koloriert war. Eine lindgelbe Straße zog sich endlos durch die Türkei. Rechts und links von ihr standen verschiedenartige Gebäude, Menschen waren nicht zu sehen. Das seltsame Licht, das mir fremd war, schien viel glatter zu sein als das auf unserer Straße. Und es verstärkte noch den Eindruck der Menschenleere. Auch die Schatten verhielten sich anders als die in unserer Stadt. Sie waren spitzer, stärker abgegrenzt in den Umrissen, liefen schneller aufeinander zu und waren von einer größeren Zartheit. Sie waren die ersten farbigen Schatten meines Lebens. Schattenartiges Hellblau, dunstiges Violett, schleierartiges Sandgelb lagen in den Nischen der türkischen Häuser. Die Menschen kannten offenbar die Zartheit des Lichtes auf ihren Straßen, sie blieben in ihren Häusern und störten die Schatten nicht.

In Amerika war alles wie von einer Hand mit dem Lineal angelegt worden, sogar die Wellen des Meeres bestanden aus geraden Strichen. In der Türkei hatte nur die Straße gerade Linien, jedes einzelne Gebäude schien von einer anderen Hand gemacht. Wie bei der Verzierung einer Hochzeitstorte gab es runde Formen, halbrunde, spitz zulaufende, runde Türmchen, stark geschwungene Dächer und gebogene Fenster und Türrahmen. In solchen Häusern konnten sie leben, die Türken – nicht ich. Diese Menschen wollten sicher von ihren Kleidern, Gestalten und Gesichtern her an Schönheit ihren Gebäuden, Fassaden, ihrem Licht und ihren Schatten um nichts nachstehen. Was mochten das für Menschen sein, welchen Träumen hingen sie nach, wie spielten sie mit ihren Kindern, welche Speisen aßen sie? Waren es normale Menschen wie wir oder doch eher Prinzen und Prinzessinnen wie in meinem Märchenbuch?

Ihr Blick aus dem Inneren ihrer Häuser, aus zwiebelförmigen Fenstern, gardinenlos und nur von farbigen Schatten geschützt, war ein anderer als meiner, der aus rechteckigen Fenstern auf rotschwarze Kraftwerkschlote stieß. Also mußten auch ihre Gedanken, ihre Phantasien, ihre Speisen andere sein. Sogar die Gerüche in dieser fremden Welt stellte ich mir vor: ich hoffte, die ganze Türkei würde nach Rahmkaramel riechen.

RAINER MARIA RILKE
Hebend die Blicke vom Buch

Hebend die Blicke vom Buch, von den nahen zählbaren
                                        Zeilen,
in die vollendete Nacht hinaus:
o wie sich sternegemäß die gedrängten Gefühle verteilen,
so als bände man auf,
einen Bauernstrauß:

Jugend der leichten und neigendes Schwanken der schweren
und der zärtlichen zögernder Bug –.
Überall Lust zu Bezug und nirgends Begehren;
Welt zu viel und Erde genug.

> *»Wie ist der glücklich,*
> *der mit starkem Flügel*
> *entschweben kann«*

GLÜCKLICHE ZEITEN AN
SCHÖNEN ORTEN

CHARLES BAUDELAIRE
Aufschwung

Hoch oberhalb der weiher und der ähren,
der wälder und der berge und der see,
jenseits von wolken und von ewigem schnee,
jenseits der grenzen der gestirnten sphären:

Dort regst du dich in freiheit, meine brust!
Und wie sich schwimmer in den wellen breiten,
so ziehst du durch die unermeßlichkeiten
mit männlicher, unsagbar großer lust.

Flieh weit aus dieser kranken dünste giften.
In einem höhern luftraum werde rein
und trink wie einen himmlisch echten wein
das klare feuer in den lichten triften.

Los von dem kummer, von der großen qual
– des nebeldüstern daseins lästge zügel –,
wie ist der glücklich, der mit starkem flügel
entschweben kann ins stille heitre tal!

Der, deß gedanken auf der lerche schwinge
emporgetragen werden in der früh …
Er läßt die welt und deutet ohne müh
der blumen sprache und der stummen dinge.

CLEMENS BRENTANO
Heimatsgefühl

Wie klinget die Welle,
Wie wehet ein Wind!
O selige Schwelle,
Wo wir geboren sind!

Du himmlische Bläue!
Du irdisches Grün!
Voll Lieb und voll Treue,
Wie wird mein Herz so kühn!

Wie Reben sich ranken
Mit innigem Trieb,
So, meine Gedanken,
Habt hier alles lieb!

Da hebt sich kein Wehen,
Da regt sich kein Blatt,
Ich kann draus verstehen,
Wie lieb man mich hat.

Ihr himmlischen Fernen,
Wie seid ihr mir nah;
Ich griff nach den Sternen
Hier aus der Wiege ja!

Treib nieder und nieder,
Du herrlicher Rhein!
Du kommst mir ja wieder,
Läßt nie mich allein.

O Vater, wie bange
War mir es nach Dir!
Horch meinem Gesange,
Dein Sohn ist wieder hier!

Du spiegelst und gleitest
Im mondlichen Glanz;
Die Arme du breitest:
Empfange meinen Kranz!

ROBERT BROWNING
Heimwärts-Gedanken aus der Ferne

O daß im April
ich in England wär!
Wer jetzt aufwacht in England,
sieht eines Morgens von ungefähr
wie die niedersten Zweige beim linden Wehn
im Reisholz beim Ulmbaum in Blüte stehn,
und der Buchfink im Kirchhof den Schnabel wetzt
In England jetzt!

Und nach dem April, wenn im Mai überall
der Weißhals baut und die Schwalben all!
Horch, wie mein blühnder Birnbaum bei dem Zaun
ins Feld hinauslehnt und verstreut ins Ried
Blüten und Tautropfen, am Ranft zu schaun.
Die Drossel: zweimal singt sie jedes Lied,
und scheint dir auch, nicht nochmals möcht
                                    ihr glücken
das erste sorglose Entzücken.
Sind auch vom weißen Reif die Felder rauh,
sie werden glänzen, weckt das Mittagsblau

die Butterblumen: eine Kindermythe,
viel leuchtender als die Melonenblüte.

Schön ist, Mutter Natur, deiner Erfindung Pracht
Auf die Fluten verstreut, schöner ein froh Gesicht,
    Das den großen Gedanken
      Deiner Schöpfung noch Einmal denkt.

Von des schimmernden Sees Traubengestaden her,
Oder, flohest du schon wieder zum Himmel auf,
    Komm in rötendem Strahle
      Auf dem Flügel der Abendluft,

Komm, und lehre mein Lied jugendlich heiter sein,
Süße Freude, wie du! gleich dem beseelteren
    Schnellen Jauchzen des Jünglings,
      Sanft, der fühlenden Fanny gleich.

Schon lag hinter uns weit Uto, an dessen Fuß
Zürch in ruhigem Tal freie Bewohner nährt;
    Schon war manches Gebirge
      Voll von Reben vorbeigeflohn.

Jetzt entwölkte sich fern silberner Alpen Höh,
Und der Jünglinge Herz schlug schon empfindender,
    Schon verriet es beredter
      Sich der schönen Begleiterin.

»Hallers Doris«, die sang, selber des Liedes wert,
Hirzels Daphne, den Kleist innig wie Gleimen liebt;

Und wir Jünglinge sangen
Und empfanden wie Hagedorn.

Jetzo nahm uns die Au in die beschattenden
Kühlen Arme des Walds, welcher die Insel krönt;
Da, da kamest du, Freude!
Volles Maßes auf uns herab!

Göttin Freude, du selbst! dich, wir empfanden dich!
Ja, du warest es selbst, Schwester der Menschlichkeit,
Deiner Unschuld Gespielin,
Die sich über uns ganz ergoß!

Süß ist, fröhlicher Lenz, deiner Begeistrung Hauch,
Wenn die Flur dich gebiert, wenn sich dein Odem sanft
In der Jünglinge Herzen,
Und die Herzen der Mädchen gießt.

Ach du machst das Gefühl siegend, es steigt durch dich
Jede blühende Brust schöner, und bebender,
Lauter redet der Liebe
Nun entzauberter Mund durch dich!

Lieblich winket der Wein, wenn er Empfindungen,
Beßre sanftere Lust, wenn er Gedanken winkt,
Im sokratischen Becher
Von der tauenden Ros' umkränzt;

Wenn er dringt bis ins Herz, und zu Entschließungen,
Die der Säufer verkennt, jeden Gedanken weckt,
Wenn er lehret verachten,
Was nicht würdig des Weisen ist.

Reizvoll klinget des Ruhms lockender Silberton
In das schlagende Herz, und die Unsterblichkeit
    Ist ein großer Gedanke,
       Ist des Schweißes der Edlen wert!

Durch der Lieder Gewalt, bei der Urenkelin
Sohn und Tochter noch sein; mit der Entzückung Ton
    Oft beim Namen genennet,
       Oft gerufen vom Grabe her,

Dann ihr sanfteres Herz bilden, und, Liebe, dich,
Fromme Tugend, dich auch gießen ins sanfte Herz,
    Ist, beim Himmel! nicht wenig!
       Ist des Schweißes der Edlen wert!

Aber süßer ist noch, schöner und reizender,
In dem Arme des Freunds wissen ein Freund zu sein!
    So das Leben genießen,
       Nicht unwürdig der Ewigkeit!

Treuer Zärtlichkeit voll, in den Umschattungen,
In den Lüften des Walds, und mit gesenktem Blick
    Auf die silberne Welle,
       Tat ich schweigend den frommen Wunsch:

Wäret ihr auch bei uns, die ihr mich ferne liebt,
In des Vaterlands Schoß einsam von mir verstreut,
    Die in seligen Stunden
       Meine suchende Seele fand;

O so bauten wir hier Hütten der Freundschaft uns!
Ewig wohnten wir hier, ewig! Der Schattenwald
    Wandelt' uns sich in Tempe,
       Jenes Tal in Elysium!

FRIEDRICH HÖLDERLIN
Heidelberg

Lange lieb' ich dich schon, möchte dich, mir zur Lust,
　　Mutter nennen, und dir schenken ein kunstlos Lied,
　　　　Du, der Vaterlandsstädte
　　　　　　Ländlichschönste, so viel ich sah.

Wie der Vogel des Walds über die Gipfel fliegt,
　　Schwingt sich über den Strom, wo er vorbei dir glänzt,
　　　　Leicht und kräftig die Brücke,
　　　　　　Die von Wagen und Menschen tönt.

Wie von Göttern gesandt, fesselt' ein Zauber einst
　　Auf die Brücke mich an, da ich vorüber ging,
　　　　Und herein in die Berge
　　　　　　Mir die reizende Ferne schien,

Und der Jüngling, der Strom, fort in die Ebne zog,
　　Traurigfroh, wie das Herz, wenn es, sich selbst zu schön,
　　　　Liebend unterzugehen,
　　　　　　In die Fluten der Zeit sich wirft.

Quellen hattest du ihm, hattest dem Flüchtigen
　　Kühle Schatten geschenkt, und die Gestade sahn
　　　　All' ihm nach, und es bebte
　　　　　　Aus den Wellen ihr lieblich Bild.

Aber schwer in das Tal hing die gigantische,
　　Schicksalskundige Burg nieder bis auf den Grund,
　　　　Von den Wettern zerrissen;
　　　　　　Doch die ewige Sonne goß

Ihr verjüngendes Licht über das alternde
    Riesenbild, und umher grünte lebendiger
        Efeu; freundliche Wälder
            Rauschten über die Burg herab.

Sträuche blühten herab, bis wo im heitern Tal,
    An den Hügel gelehnt, oder dem Ufer hold,
        Deine fröhlichen Gassen
            Unter duftenden Gärten ruhn.

AUGUST VON PLATEN
Venedig

I.

Mein Auge ließ das hohe Meer zurücke,
Als aus der Flut Palladios Tempel stiegen,
An deren Staffeln sich die Wellen schmiegen,
Die uns getragen ohne Falsch und Tücke.

Wir landen an, wir danken es dem Glücke,
Und die Lagune scheint zurückzufliegen,
Der Dogen alte Säulengänge liegen
Vor uns gigantisch mit der Seufzerbrücke.

Venedigs Löwen, sonst Venedigs Wonne,
Mit ehrnen Flügeln sehen wir ihn ragen
Auf seiner kolossalischen Kolonne.

Ich steig ans Land, nicht ohne Furcht und Zagen,
Da glänzt der Markusplatz im Licht der Sonne:
Soll ich ihn wirklich zu betreten wagen?

II.

Dies Labyrinth von Brücken und von Gassen,
Die tausendfach sich ineinander schlingen,
Wie wird hindurchzugehn mir je gelingen?
Wie werd ich je dies große Rätsel fassen?

Ersteigend erst des Markusturms Terrassen,
Vermag ich vorwärts mit dem Blick zu dringen,
Und aus den Wundern, welche mich umringen,
Entsteht ein Bild, es teilen sich die Massen.

Ich grüße dort den Ozean, den blauen,
Und hier die Alpen, die im weiten Bogen
Auf die Laguneninseln niederschauen.

Und sieh! da kam ein mut'ges Volk gezogen,
Paläste sich und Tempel sich zu bauen
Auf Eichenpfähle mitten in die Wogen.

III.

Wie lieblich ist's, wenn sich der Tag verkühlet,
Hinauszusehn, wo Schiff und Gondel schweben,
Wenn die Lagune, ruhig, spiegeleben,
In sich verfließt, Venedig sanft umspület!

Ins Innre wieder dann gezogen fühlet
Das Auge sich, wo nach den Wolken streben
Palast und Kirche, wo ein lautes Leben
Auf allen Stufen des Rialto wühlet.

Ein frohes Völkchen lieber Müßiggänger,
Es schwärmt umher, es läßt durch nichts sich stören
Und stört auch niemals einen Grillenfänger.

Des Abends sammelt sich's zu ganzen Chören,
Denn auf dem Markusplatze will's den Sänger
Und den Erzähler auf der Riva hören.

ALFRED DE MUSSET
Venedig

Nun gleiten durch das rote
Venedig keine Boote –
Kein Fischer rings und kein
    Laternenschein.

San Marcos Löw' alleine
Sitzt hoch auf seinem Steine
Und reckt die erz'ne Klau
    Ins Ätherblau.

Und um ihn her in Gruppen
Die Barken und Schaluppen,
Als läg' in Schlummers Arm
    Ein Reiherschwarm:

Die träumend sich bewegen
Und Deck an Deck sich legen
Auf Flut, die leise raucht
    Und Dünste haucht.

Der Mond hüllt sein Gezitter
In zarte Wolkengitter,
Die er sich, wandernd, flicht
    Vors Angesicht.

Ein Schleier, anzuschauen,
Wie er vom Haupt der Frauen
Von Santa Croce fließt
    Und sie umschließt, –

Die Brücken all und Gassen,
Die Statuen, die blassen,
Der Golf, der luftbewegt
    Sich leise regt –

Sie schweigen, nur die Wache
Hoch auf gezinntem Dache
Bewacht mit blankem Stahl
    Das Arsenal.

Jetzt wartet wohl beim Scheine
Des Mondes mehr als eine
Auf ihren jungen Fant
    Und lauscht gespannt, –

Und manche mit Entzücken
Mag sich am Spiegel schmücken
Und hält die Maske vor
    Aus schwarzem Flor;

Es ruht auf duft'gem Flaume
Vannina, halb im Traume,
Und küßt an Freundes Mund
    Die Lippen wund;

In ihre Gondel schmiegt sich,
Berauscht vom Weine wiegt sich
Narzissa und durchwacht
    Die ganze Nacht ...

FRIEDRICH NIETZSCHE
Mein Glück!

Die Tauben von San Marco seh ich wieder:
Still ist der Platz, Vormittag ruht darauf.
In sanfter Kühle schick' ich müßig Lieder
Gleich Taubenschwärmen in das Blau hinauf –
　　Und locke sie zurück,
Noch einen Reim zu hängen ins Gefieder
– mein Glück! Mein Glück!

Du stilles Himmels-Dach, blau-licht, von Seide,
Wie schwebst du schirmend ob des bunten Baus,
Den ich – was sag ich? – liebe, fürchte, neide …
Die Seele wahrlich tränk' ich gern ihm aus!
　　Gäb' ich sie je zurück? –
Nein, still davon, du Augen-Wunderweide!
– mein Glück! Mein Glück!

Du strenger Turm, mit welchem Löwendrange
Stiegst du empor hier, siegreich, sonder Müh!
Du überklingst den Platz mit tiefem Klange –:
Französisch, wärst du sein accent aigu?
　　Blieb ich gleich dir zurück,
Ich wüßte, aus welch seidenweichem Zwange …
– mein Glück! Mein Glück!

Fort, fort, Musik! Laß erst die Schatten dunkeln
Und wachsen bis zur braunen lauen Nacht!
Zum Tone ist's zu früh am Tag, noch funkeln
Die Gold-Zieraten nicht in Rosen-Pracht,
　　Noch blieb viel Tag zurück,
Viel Tag für Dichten, Schleichen, Einsam-Munkeln
– mein Glück! Mein Glück!

GOTTFRIED BENN
März. Brief nach Meran

Blüht nicht zu früh, ach blüht erst, wenn ich komme,
dann sprüht erst euer Meer und euren Schaum,
Mandeln, Forsythien, unzerspaltene Sonne –
dem Tal den Schimmer und dem Ich den Traum.

Ich, kaum verzweigt, im Tiefen unverbunden,
Ich, ohne Wesen, doch auch ohne Schein,
meistens im Überfall von Trauerstunden,
es hat schon seinen Namen überwunden,
nur manchmal fällt er ihm noch flüchtig ein.

So hin und her – ach blüht erst, wenn ich komme,
ich suche so und finde keinen Rat,
daß einmal noch das Reich, das Glück, das fromme,
der abgeschlossenen Erfüllung naht.

RUDOLF ALEXANDER SCHRÖDER
Mühlenthal

Oh, nur noch ein Novembertag
    Mit dir im alten Garten,
Der schräg vor blinder Sonne lag,
    Des ersten Frosts zu warten.

Von rotem Baum zu goldenem Baum
    Gab ich dir das Geleite;
Als Dritter ging ein Kindertraum
    Dir heimlich an der Seite.

Der malte dir das Falbe grün
    Und ließ – dich nahm's nicht wunder –
Am Teich die Juni-Rosen blühn
    Und hinterm Wald Holunder.

Und während langsam, langsam wir
    Durchs ranke Dickicht schreiten,
Sprachst du mit ihm und nicht mit mir
    Von längst vergangnen Zeiten.

Zuletzt, als ich den Arm dir bot
    – Stumm deutend auf das Steigen
Des Wiesenrauchs im Abendrot –,
    Begannst auch du zu schweigen.

So standen wir im Niederschlag
    Des Blätterfalls, des zarten;
November war's und Nachmittag
    Mit dir im alten Garten.

FRIEDRICH DÜRRENMATT
Meere

Ich liebe das Haus zu verlassen

In einen Tag zu gehen, der sich
gegen Abend neigt

Durch Meere roten Laubs zu waten

Glück in Griechenland

Korinthische Wanderung

Sie würden einen weiten Bogen machen um diesen Menschen, wenn Sie ihn sehen würden. Indessen gibt es kein Ausweichen auf diesem schmalen Weglein, das hinläuft überm griechischen Kanal. Und zwar am obersten und äußersten Rand, wo silbrige und übermütige Gräser wippen über dem Abgrund und sich abheben vom fernen Wasserband, welches tief und dunkel und still liegt wie in einem Sarg. Etwas beklemmend ist dieser senkrechte und riesenhafte Sägeschnitt, welcher Südgriechenland abschneidet vom Festland. Etwas beklemmend durch die Plötzlichkeit, wenn man den Schacht erblickt inmitten dieser friedlichen Heide, wo die armen Griechen ihre Schiffe rollen mußten, wenn sie nicht wochenlang segeln wollten und übersetzen sollten ins andere Meer, das eine Marschstunde entfernt liegt. Und auf diesem schwindligen Pfad also kommt jener Sonnenbraune, dessen Gesichtshaut herunterhängt wie eine üble Tapete; und sein dreitägiges Bärtchen ist grauweiß vom Staub und ebenso seine Hosen, die überm Knöchel zusammengeschnürt sind mit Taschentüchern. Wie gesagt: Sie würden ihn nicht grüßen und sogar ich hätte vielleicht Angst vor diesem Landstreicher, wenn ich ihn nicht selber wäre.

Übrigens lebt er noch heutigen Tags, der olle Pan, den ich kennen lerne, indem ich plötzlich erwache mit einem unsagbaren Schrecken. Denn im Dämmerzustand, wenn unsere Sinne schon wach sind und die ordnende Vernunft noch schläft, erfährt man bisweilen solche Urängste: wegen einer Feige, die soeben heruntergeplumpst ist vom Baum. Und nun schaue ich den Vollmond, dessen bleiche Scheibe sich hinschiebt zwischen diesen Ästen, welche pechschwarz erscheinen und wie Schlangen. Hören kann ich bloß den eigenen Atem und das eigene

Herzpochen. Aber indem ich dann meine Glieder herauslöse aus den Ackerschollen, wo sie umhergelegen haben wie gerädert, entsinne ich mich wieder, wie ich eigentlich hierhergekommen bin. In diesen Gasthof zum freien Feigenbaum, wo es billig ist und herrlich einfach und einfach herrlich. Nämlich gestern, wie ich also über die Landenge wanderte, ist es plötzlich glasiger geworden im Osten; und von Athen, wo ich die vorige Nacht verträumt hatte auf der Akropolis, kam eine nächste Nacht herüber und überholte mich mitten im Feld. Und weiterhin erinnere ich mich bloß noch an eine Hirtenflöte, welche näherkam und mich nicht schlafen ließ. Es war ein einfältiges Hinundher von ewiggleichen Tönen. Und indem meine Lider endlich sanken, stritt ich noch mit einem einstigen Lehrer, welcher uns solche Hirtenflöten hingezeichnet hatte an die Wand, und ein Hundegekläff wollte mir nicht aus dem Mark, und hinter dem Baumstamm, welcher mein Kopfkissen war, lauerte der olle Pan.

Jetzt steige ich dem Morgen entgegen, welcher zögert, als sollte diese Nacht noch endlos dauern. Hinauf nach Akrokorinth. Es ist eine stolze Felsstirne, die aufwuchtet über der Landenge. Es ist ein Bruder vom Mythen. Und in meiner Brust hämmert es wild, weil ich eilen muß, damit der Tag nicht eher am Gipfel sei. Dann komme ich unter diese trutzigen Mauern, welche hingetürmt wurden von Römern und Türken und Venezianern. Und indem ich hineinsteige in ihre Tore, welche erhallen von meinen Absätzen, da spüre ich Spinnennetze, als wollten sie den Eindringling zurückhalten, welcher hinaufstürmt in solche Märchenstille und ihren letzten Schatz rauben möchte: das Gold eines Sonnenaufganges. Und sonst finde ich bloß diese schwarzen und zottigen Ziegen, welche weiden auf den Ringmauern und manchmal klingeln.

Und endlich erlange ich die letzte Kante, und aus dem Meer schwebt die Sonne, und wie wenn man eine Ofentür öffnet und hineinstaunt auf die Kohlen, die glühen zwischen der Asche: so dieses griechische Land, wie es vor mir liegt mit seinen wirren Zacken, welche herausglühen aus dem aschgrauen Dunst der Täler.

Später gibt es plötzlich zwei Hände, die über meine Brust krabbeln und ausschauen wie Riesenspinnen, so daß ich erwache aus meiner heidnischen Sonnenverehrung. Denn neben mir steht ein zittriger Greis, welcher mir unbedingt die Jacke einknöpfen will wegen dieses herrlichen Windes. Und ihm zuliebe muß ich also tun, als hätte ich kalt. Es ist ein griechischer Hirte mit diesem witzigen Röcklein, das herausfaltet unterm Gürtel und niederpendelt über die Hüften. Und dann spielen wir Philemon und Baucis, wobei ich bescheidenerweise die Rolle des Zeus übernehme, indem ich seine Einladung annehme und ihm nachfolge ins Tal, wo uns nach anderthalb Stunden das versprochene und ersehnte Frühstück gereicht wird von seiner Frau, die aufgeregt hin und nieder watschelt, dieweil wir sitzen als Herren der Schöpfung. Es gibt einen Fingerhut voll schwarzen Kaffees, dazu drei Oliven und eine Faustgröße von Brot, das man über die Tischkante schmettern muß, um es in mundgerechte Splitter zu kriegen. So leben diese Leute, die zufrieden sind und nichts ahnen von abendländischen Arbeitersiedelungen. Fürstlich aber ist der Sessel, den sie mir angeboten haben in ihrem Jammerhüttchen: ein zweitausendjähriges Kapitell aus köstlichstem Marmor.

Denn gerade nebenan, indem man durch den Hühnerhof geht, liegt das festliche und herrliche Korinth. Man stecke den Baedeker in die Tasche und setze sich zum Apollotempel. Man nehme seinen Kopf und lege ihn in diese Säulenrille, indem man dann zurückstaunt auf die Stadt, die man hat auferstehen lassen nach dreistündigem Kraxeln über ihre Trümmer. Denn nun ist es eine lebendige Stadt, die allerdings zerstört liegt; aber man wäre nicht verblüfft, wenn sie zurückkämen und sie nochmals aufrichteten. Und man blicke mit halbgeschlossenen Augen: dann wandelt es über jene griechischen

Marmorstufen und hinauf zum prunkfreudigen Quellenbad, dann drängt es sich durch diese römische Säulenflanke und sammelt sich zur christlichen Kirche, wo Paulus gestanden haben soll. Man trete auf diese Hauptstraße, die dich durch Jahrtausende führt, und lege die Arme auf den Rücken, indem man hin- und niederwandelt durch Menschheitsschicksale und bescheiden wird in seinem eigenen Zielchen und Nötchen und Lebensläufchen.

Was ich vergessen habe: meine einzige und süße Begleiterin, die ich bald unterm linken und bald unterm rechten Arm liebkoste, ist eine Zuckermelone, die mich nun retten soll vor dem Verdursten, obzwar mein Messer selbstverständlich in Athen liegt; wütend breche ich sie übers Knie und die Hälften reiße ich abermals in Viertel. Dann stürzen sich meine Zähne in dieses Halbrund und der Saft bächelt herunter von den Ohren. Es ist Vorschuß auf die Seligkeit.

Aber einmal muß ich dennoch Abschied nehmen von diesen sieben Säulen, die auf dem Hügel ragen und rostrot sind. Denn unwiderstehlich leuchtet das Meer. Und unter meinen lautlosen Tritten, welche ich hineinsetze in diesen mehlsanften Pfad, nimmt der Wind jedesmal eine Staubfahne weg und verstreut sie in die Mittagsbläue; und ringsum gibt es bloß das leidenschaftliche Zirpen von Grillen. Oder Eidechsen, die wegrascheln über den Steinen. Und aus den Steinen schlängeln sich die Pinien und halten ihr hinkriechendes Geäst, das sich ausspreizt wie ein Schirm und tuschschwarze Schatten hinkleckst in den Staub. Und aus der Schwärze wachsen dann die Zypressen, welche hinausstechen und das Waagrechte jenes Pinienhaines durchbrechen; hoch hinaus stechen sie, um eine Senkrechte herzustellen, damit dieser Mittagshimmel nicht erdrückend werde, der so nahe überm Meer hängt. Säulen sind es, welche die Unendlichkeit stützen sollen. Und schwarz und schweigend tun sie es, scharf und sanft zugleich, damit sie dieses Himmelstuch nicht zerreißen.

Mein neuer Freund ist ein Mann, der manchmal singt und manchmal Kiesel schaufelt. Und wie er seinen Karren gefüllt hat und bemerkt, daß ich aus dem Wasser steige, da lädt er mich gleich obenauf und ich bette mich in diese sonnenglühenden Kiesel, welche dann hüpfen beim Fahren. Denn es ist ein beinahe historischer Zweiräderkarren und mich selber schüttelt es wie einen Pudding, der seine zwei Tage gestanden hat. Gesprochen wird selbstverständlich wiederum mit den Händen. Denn man muß eine Verständigung niemals aufgeben, wie ich in Athen erfahren habe, als mir ein Kraftwagenführer zuschrie: Sokrates! Und als ich nachgegrübelt hatte in meinen Bildungstrümmern und nichts auftreiben konnte, was jene Steinreste ergänzen mochte, und als ich somit mein Haupt schüttelte, wollte mir der Kraftwagenführer erklären, wer dieser Herr Sokrates sei: Er schnitt ein Gesicht, als hätte er Essig getrunken, und runzelte seine niedrige Stirne, indem er heftig daraufhämmerte mit seinem Finger. Und dann verlangte er fünfzig Drachmen für Wagenfahrt und Geschichtsunterricht.

Kurzum: meine Hände erzählen dem Kieselschaufler, daß sein Land eine Herrlichkeit sei, worauf ich umarmt werde, sodaß mir fast die Ripplein girren. Aber dann erschrecke ich wieder einmal über meine Gemeinheit. Denn ich entwinde mich seinem Arm und denke an widrige Verkehrtheiten, ich fahre dahin und rechne, wieviel Trinkgeld er wohl erwarten würde. Ich meine: wir können die Handlung eines Mitmenschen niemals hinnehmen, ohne nach einem heimlichen Zweck zu suchen, weil wir den Glauben verloren haben, daß es bisweilen Dinge gibt, welche kein Geschäft sein sollen und keinen Zweck haben, sondern bloß einen Sinn, welchen wir nun Liebe oder Gastfreundlichkeit nennen mögen. Und unser anerzogenes Mißtrauen ist es, was soviel Menschlichkeit verunmöglicht; denn während wir nun vorüberholpern am Kirchlein von Neukorinth, nimmt mein Freund seine Lumpenmütze nieder und bekreuzigt sich; mein Trinkgeld aber will er nicht haben. Und als ich es lachend hineinstecke in seine Pranke und abspringe, habe ich seine Freundschaft verscherzt.

Delphische Wanderung

Als hätte ich es geahnt, daß diese zweite Wanderung einen Abschluß finden sollte, dessen tatsächliche Herrlichkeit so viel märchenhafter ausfiel, als ich es jemals hätte erfinden können! Ich meine: mit unerschütterlicher Griechenlandfreude bestieg ich das Frachtschiffchen, das schräg im Athener Hafen lag und überstopft war mit griechischen Ausflüglern, welche übrigens das Spucken verwendeten wie Satzzeichen. Und dann stand ich jene ganze Nacht und umarmte ein Dampfrohr, weil ein feuchter Wind heulte, und schmachtete gen Sternenhimmel, wo der Schiffsmast umherfuchtelte, und blickte sieben Stunden nicht zum Boden, damit ich nicht sähe, was ich mir schon durch die Nase so lebhaft vorstellen mußte.

Endlich Itea. Mit ruhigem Boden unter den Füßen, wo ich nun loszog in die Nacht und ins Einsame und ins Unbekannte. Einmal hörte ich jenes schluchzende und markdurchstechende Gebrüll eines Esels, welcher den Kreisgang machte um eine Zisterne. Und das Kippen ihrer Wasserkübel hämmerte in die Nacht. Es begleitete mich noch lange und wurde allmählich milder, indem ich weiterwanderte auf dieser mondhellen Straße und zwischen Zeilen von Zedern, die mir langsam entgegenkamen wie in schwarzen Talaren. Und droben in den Bergen gab es eine Handvoll Lichter: Delphi.

Ich hatte bisher Städte und Klöster besucht; diese Stadt aber hat die Lage eines Klosters. Mit solcher Umwelt, die keinen Handel versprach und nichts an geschäftlichen Vorteilen. Sondern sie gibt bloß Abgeschiedenheit und Erhabenheit, welche zur Verinnerlichung zwingen mußte. Und nachdem man dann zwei Tage verweilt hat an diesem Ort, erscheint es selbstverständlich, daß gerade hier ein besonderer Gottdienst entstehen mußte. Denn es ist eine Größe, welcher sich nicht einmal eine Reisegesellschaft entziehen kann. Ich meine nicht bloß die Höhe dieser Felswand, die abstürzt vor der Stadt, und jener andern Felswand, die emporsteht hinter dieser Stadt. Sondern das Packende liegt wohl darin, daß man zusieht, wie eine Gottesfurcht wuchs aus dieser Landschaft und wie aus diesem Gottglauben alsdann eine Tempelstadt erstand, welche wiederum eingefügt ist in jene Landschaft. Man spürt eine Geschlossenheit, welche die Welt umspannt. Mit diesem beglückenden Wohlmaß, das sich überträgt in die gesamte Stadtanlage, wo man jene Vereinigung findet von Tempel und Theater und Stadion. Denn man darf sich dieselben Menschen denken, welche das Theater und das Stadion füllten, welche der geistigen und der körperlichen Schönheit ergeben waren, welche eine Ganzheit aus Leib und Seele besaßen. Und diese klare Ordnung, die sich dann weitersetzt im einzelnen Bau, indem sie jenes Stufenhalbrund schafft, mögen wir nun Staat oder Weltanschauung heißen – vor allem: Vollendung ist es, was ausgedrückt wird in ihren Resten, wenn sie noch so zerschunden sind. Darum brauchen wir keine ganzgebliebenen Tempel und keine nacherrichteten Ganzheiten. Denn dieses Wohlmaß verklingt bis ins Kleine, wenn man über Marmorsplittern sitzt und verweilt auf den Bruchstücken von einer Säule oder von einem Fries oder so. Es ist ein Ausruhen. In einer Welt ohne Chaos.

Und schon gab es Abendschatten, die sich hereinstreckten ins Tal; und weil ich nicht scheiden wollte, setzte ich mich einfach ins Theater. Gespielt wurde das uralte Stück von der Sonne und vom Mond. Ich war nun der einzige Mensch. Und so eindringliche Stille war zwischen den zuschauenden Bergen, als wäre es ewig ungewiß, wer Sieger bleibt. Später entdeckte ich einen Adler, wie er sich emportragen ließ aus dem Talkessel.

In lautlosen Kreisen. Und bloß selten, wenn ihn die Luft einmal nicht heben wollte, schlug er sie mit der linken Flügelspitze, knapp und verstohlen, bis er schließlich drobenhing: wie hingenagelt. Dort gab es noch eine fadenscheinige Sonne, welche aber schon die Nacht durchließ, und dann entschwebte er über den verglimmenden Felsen, wo jener Schlund klafft mit der heiligen Quelle, die aus dem Parnaß springt und von lateinischen Dichtern gepriesen wurde als die Quelle der dichterischen Eingebung – – also erklärte es vormittags ein Fremdenführer, und sein Gefolge trank heftig davon.

Ich weiß bloß noch, daß ich einmal schlotterte und daß es erst Mitternacht war, als ich hinuntertastete ins Tempelchen und mich hinhäufelte in einen Winkel. Über mir gab es ein Himmelsviereck und die Milchstraße erschien nun eingefaßt in Marmor. Und als Kopfkissen diente die Brieftasche, weswegen man mir das Geständnis erlasse, ob ich damals hart oder weich geschlafen hatte.

Selbstverständlich fiel das Weggehen nicht leichter, indem man es hinausgezögert hatte bis zum Ende eines zweiten Tages. Aber mit drei Pfund Trauben tröstete ich mich. Wegzupfte man sie mit klebrigen Fingern und zerknallte sie zwischen hastigen Lippen, diese Beeren, welche übrigens ausschauten, als wollten sie übermorgen schon Trauben sein. Und in solch schmunzlerischer Selbstversunkenheit pilgerte ich durch jenen unabsehbaren Wald, welcher silbrig erscheint, sobald ein Meerwind hereinlispelt. Es sind lauter Ölbäume. Manchmal kam ein Eselein heran, worauf dann ein Bauer saß, der wie ein Pilz erschien in seinem Riesensonnenhut. Oder es folgte ein zweites Eselein, das eine Bäuerin trug mit ihrem Kind. Bilder aus der Bibel waren es, die mich vorbereiten sollten auf jenes Erlebnis in Itea, wo wir zusammensaßen im Garten – –

Drei Brüder waren es und ihre greise Mutter. Und dann horchten sie mir zu wie einem Odysseus, indem ich plauderte von westlichen Ländern. Denn einer war, welcher die französische Sprache erlernt hatte im Selbstunterricht. Übrigens war es dieser gewesen, welcher hinausgekommen war ins Meer und mich gewarnt hatte, daß es plötzliche Schlünde gäbe. Und daraufhin hatte ich ihre Werkbude besichtigt, wo sie Leder machten aus Schweizer Kühen, was mich selbstverständlich in patriotische Ergriffenheit versetzte. Und nun saß man an ihrem Tisch, wo die siebzigjährige Mutter das Essen aufstellte und betete für die Mutter ihres Gastes, auf deren Langleben dann die Söhne tranken. Es geschah ernst wie ein Vorgang in der Kirche. Und anschließend baten sie mich dringend, daß ich ihr Haus nicht beleidigte, indem ich es etwa verlassen würde mit irgend einem Hungergefühl. Ich beleidigte sie aber nicht, und was ich an Käse und Früchten nicht fassen konnte, wollte mir die Alte einwickeln für morgen. Und als Mitternacht gekommen war und ich meine Jacke hinhängte, bemerkte ich nebenher, wie die Alte nochmals zurückging in den Garten und daraufhin etwas machte um meine Jacke. Drei Schritte vom Meer hatten mir die Söhne ein Lager geschaffen. Weicher als im Tempelchen. Inzwischen strich mir eine Hand übers Haar, und es war nochmals die Mutter, welche das Zeichen des Kreuzes machte und dann verschwand. Ich aber war fast wie ein Zuschauer und vergaß oftmals, daß es mich anging. Es war der älteste Bruder, welcher sein eigenes Lager herausschleppte in den Garten und hinter mir aufbaute. Nämlich der älteste, weil es eine Ehre ist, daß man den Fremdling behütet, und weil diese Ehre dem Erstgeborenen gehört. Mit einem Kuß auf meine linke und rechte Wange verabschiedete sich der Jüngste, der mich ins Haus gebracht, und dann rauschte mich das Meer in den Schlaf.

Als ich die Schiffstuten hörte und es vier Uhr morgens war, so daß ich aufstand und wegging aus dem schlummerstillen Haus, dessen knarrende Türe ich schloß wie ein altes Märchenbuch, da fand ich im Knopfloch eine tellergroße Blume und jenes Kraut, dessen Duft sie hierzulande lieben. Aber schließen wollte sich meine Jacke nicht, deren Taschen herausdrückten wie Geschwüre; und links spürte ich Eier und rechts gab es Pflaumen.

»Hochbeglückt in deiner Liebe«

GLÜCKLICHE ZEIT DER LIEBE

MARIANNE VON WILLEMER
Hochbeglückt in deiner Liebe

Hochbeglückt in deiner Liebe,
Schelt' ich nicht Gelegenheit;
Ward sie auch an dir zum Diebe,
Wie mich solch ein Raub erfreut!

Und wozu denn auch berauben?
Gib dich mir aus freier Wahl;
Gar zu gerne möcht' ich glauben –
Ja, ich bin's, die dich bestahl.

Was so willig du gegeben,
Bringt dir herrlichen Gewinn,
Meine Ruh', mein reiches Leben
Geb' ich freudig, nimm es hin!

Scherze nicht! Nichts von Verarmen!
Macht uns nicht die Liebe reich?
Halt' ich dich in meinen Armen,
Jedem Glück ist meines gleich.

LEOPOLD FR. G. VON GÖCKINGK
An Nantchen

Daß mir diese Welt mit allen
Ihren Narren wohl gefällt,
Daß vom Dummkopf angefallen,
Von dem Neider angebellt,
Rach und Spott zurückefallen:
Dafür nimm, du Zauberin!
Diesen Kuß zum Danke hin.

131

Daß ich keine Sorgen nähre,
Titel nicht erschleichen mag,
Bunt Gepränge gern entbehre,
Kurz, daß mir ein froher Tag
Mehr ist als ein Jahr der Ehre:
Dafür, holde Schmeichlerin
Nimm dies Lied zum Danke hin.

Daß ich oft zur Sternenhöhe
Bald mit heiterm Angesicht,
Bald mit stillen Tränen sehe;
Daß ich dann um Güter nicht,
Nur um dich und Weisheit flehe:
Dafür, du Bekehrerin!
Nimm mein Herz zum Danke hin.

DANTE ALIGHIERI
Sonett

Die Liebe wohnt im Auge meiner Frauen,
Und lieblich wird, was immer sie erblickt,
Es neigen sich vor ihr all, die sie schauen,
Und wen sie grüßt, steht zitternd und beglückt.

Er senkt das Haupt, sein Antlitz muß erbleichen,
Nur Fehler wird er seufzend an sich finden,
Vor ihr muß aller Zorn und Hochmut weichen,
O helft mir, Frauen, ihr den Kranz zu winden!

Wer ihrer Rede lauschet, dem erglüht
Das Herz in Wonne und in froher Demut,
Glückselig, wer zum erstenmal sie sieht!

132

Doch lächelt sie in Frohsinn oder Wehmut,
Das läßt sich schildern nicht und nicht vergleichen,
Es ist ein neu und lieblich Wunderzeichen!

JOHANN GOTTFRIED HERDER
Die Fahrt zur Geliebten

Sonne, wirf den hellesten Strahl auf den Orra-See!
Ich möchte steigen auf jeden Fichtengipfel,
Wüßt ich nur, ich sähe den Orra-See.

Ich stieg auf ihn und blickte nach meiner Lieben,
Wo unter Blumen sie itzo sei.

Ich schnitt ihm ab die Zweige, die jungen frischen Zweige,
Alle Ästchen schnitt ich ihm ab, die grünen Ästchen. –

Hätt ich Flügel, zu dir zu fliegen, Krähenflügel,
Dem Laufe der Wolken folgt' ich, ziehend zum Orra-See.

Aber mir fehlen die Flügel, Entenflügel,
Füße, rudernde Füße der Gänse, die hin mich trugen
zu dir.

Lange gnug hast du gewartet, so viel Tage,
Deine schönsten Tage,
Mit deinen lieblichen Augen, mit deinem freundlichen
Herzen.

Und wolltest du mir auch weit entfliehn,
Ich holte dich schnell ein.

Was ist stärker und fester als Eisenketten,
                                als gewun den Flechten,
So flicht die Lieb uns unsern Sinn um,
Und ändert Will und Gedanken.

Knabenwille ist Windeswille,
Jünglings Gedanken lange Gedanken.

Wollt ich alle sie hören, alle –
Ich irrte ab vom Wege, dem rechten Wege.

Einen Schluß hab ich, dem will ich folgen,
So weiß ich, ich finde den rechten Weg.

JOHANN WOLFGANG GOETHE
Der Bräutigam

Um Mitternacht, ich schlief, im Busen wachte
Das liebevolle Herz, als wär es Tag;
Der Tag erschien, mir war, als ob es nachte –
Was ist es mir, so viel er bringen mag?

Sie fehlte ja! mein emsig Tun und Streben,
Für sie allein ertrug ich's durch die Glut
Der heißen Stunde; welch erquicktes Leben
Am kühlen Abend! lohnend war's und gut.

Die Sonne sank, und Hand in Hand verpflichtet
Begrüßten wir den letzten Segensblick,
Und Auge sprach, ins Auge klar gerichtet:
Von Osten, hoffe nur, sie kommt zurück.

Um Mitternacht, der Sterne Glanz geleitet
Im holden Traum zur Schwelle, wo sie ruht.
O sei auch mir dort auszuruhn bereitet!
Wie es auch sei, das Leben, es ist gut.

DANTE GABRIEL ROSSETTI
Hochzeitsschlaf

Zuletzt läßt Mund von Mund mit süßer Pein.
Und wie der Regen, wenn er inne hält,
In jähen Einzeltropfen niederfällt,
So schlägt nun stockend jedes Herz allein.

Doch bleiben sie, die also sich entzwein
– Ermattend, schon von Lechzen neu geschwellt –,
Leib gegen Leib, eng wie zuvor gesellt,
Als hätten beide einen Stamm gemein.

Schlaf taucht sie tiefer als in Traumesruh
Und hält sie schwer in seiner Flut versenkt.
Dann sacht, auf Dämmerglanz vom Tag versprengt,

Schwimmen die Seelen dem Erwachen zu,
Bis Er – in fremde Wunder noch entrückt –
Sie findet, seliger von ihr entzückt.

BERTOLT BRECHT
Die Liebenden

Sieh jene Kraniche in großem Bogen!
Die Wolken, welche ihnen beigegeben
Zogen mit ihnen schon, als sie entflogen
Aus einem Leben in ein andres Leben.
In gleicher Höhe und mit gleicher Eile
Scheinen sie alle beide nur daneben.
Daß so der Kranich mit der Wolke teile
Den schönen Himmel, den sie kurz befliegen
Daß also keines länger hier verweile
Und keines andres sehe als das Wiegen
Des andern in dem Wind, den beide spüren
Die jetzt im Fluge beieinander liegen
So mag der Wind sie in das Nichts entführen
Wenn sie nur nicht vergehen und sich bleiben
So lange kann sie beide nichts berühren
So lange kann man sie von jedem Ort vertreiben
Wo Regen drohen oder Schüsse schallen.
So unter Sonn und Monds wenig verschiedenen
                                              Scheiben
Fliegen sie hin, einander ganz verfallen.
Wohin, ihr? – Nirgend hin. – Von wem davon?
                                              – Von allen.
Ihr fragt, wie lange sind sie schon beisammen?
Seit kurzem. – Und wann werden sie sich trennen?
                                              – Bald.
So scheint die Liebe Liebenden ein Halt.

JOSEPH ROTH
Die zweite Liebe

Vorwort

Einmal, als ich gerade in einer Stimmung war, in der man jede Sentimentalität verachtet, weil man dringend Geld braucht und imstande ist, selbst ein Gefühl wie das der Pietät sentimental zu nennen, versprach ich einem Herausgeber, die Geschichte meiner ersten Liebe niederzuschreiben. Sie lag immerhin siebzehn Jahre zurück, in meinem Gedächtnis aufbewahrt wie eine Blume in einem Buch, niemals nachgesehen und niemals in ihrer ehrenvollen Situation gestört. Sie befand sich zwar im Gedächtnis, wie gesagt, aber die Erinnerung, die etwas anderes ist, nämlich eine rege, forschende und mahnende Schwester des Gedächtnisses, die Erinnerung holte niemals die erste Liebe hervor. Erst als ich mich entschloß, sie zu beschreiben, belebte sie sich, bekam Farben, trat in die Gegenwart, färbte sichtbar jede meiner Stunden, und es war, als machte sie mir auf diese angenehme, ja sublime Art Vorwürfe, auf eine Art, wie sie eben einer ersten Liebe entspricht.

Ich sah, daß es mir unmöglich sein würde, sie zu beschreiben. Es waren nicht Bedenken, die mich gehindert hätten, es war mehr: eine Art Angst, kindisch, primitiv, nicht abergläubisch, denn es war keine Angst vor möglichen Konsequenzen, sondern eine Angst schlechthin, ohne Grund, ähnlich der Furcht vor gewöhnlichen, aber dennoch unbegreiflichen Erscheinungen. Und ebenso, wie man aus Eigenliebe sich selbst mit einem Trost zufriedengeben kann, obwohl man weiß, daß er billig ist, so begnüge ich mich schließlich mit der Geschichte meiner zweiten Liebe, die ich Ihnen im folgenden erzählen will.

1. Kapitel

Das Mädchen, dem meine zweite Liebe galt, wohnte außerhalb der Stadt, in der Nähe eines Waldes, in dem ich manchmal spazierenging – nicht aus Liebe zu ihm, sondern aus Liebe zu dem Mädchen, das wieder allerdings nur aus ehrenhafter, sogar keuscher Begeisterung für die Natur den Wald aufsuchte. Nachdem wir uns ein paarmal begegnet waren, begann ich sie zu grüßen. Und um zu erproben, ob unsere Beziehungen auch ohne den Wald bestehen und sich entwickeln könnten, ferner um ihn, der unsere Bekanntschaft vermittelt hatte, nun auch als eine Art Bindemittel gebrauchen zu können, wartete ich zu jenen Zeiten, in denen das Mädchen die Stadt aufzusuchen pflegte, auf der einzigen Straße, durch die sie gehen mußte. Eines Tages, die Straße war leer, grüßte ich das Mädchen mit einem so andächtigen Blick und einem so tief gezogenen Hut, daß schon mein Gruß ein Kompliment wurde, von der Art, wie man sie Königinnen machen darf. Irgendeine Wirkung hatte ich vorausgesehen. Ich stellte mir vor, das Mädchen würde verlegen werden, rot, wehrlos, ein Zustand also, in dem wenig Mut dazu gehörte, sie anzusprechen. Das Mädchen aber blieb stehen, lächelte und sagte: »Warum kommen Sie nicht mehr in den Wald? Ich habe Sie schon drei Tage vermißt!«

Ich hörte zuerst ihre Stimme und dann erst, in einem Abstand von Sekunden, ihre Worte. Es war, als kämen Klang und Begriff nicht gleichzeitig, sondern als breitete sie zuerst vor mir ihre Stimme aus, auf der dann die Worte einherschritten wie helle Gestalten auf einer dunklen Wiese.

Deshalb fand ich keine Antwort. Ich sagte etwas, was sie endlich verwirren mußte, weil es gar nicht zur Sache gehörte. Ich sagte: »So was kann vorkommen!«

Es war, wenn es überhaupt etwas bedeuten konnte, ungefähr der gestammelte Ausdruck meines Staunens darüber, daß sie mich wirklich vermißt hatte. So kamen wir ins Gespräch, das heißt: in kein Gespräch. Denn ich begleitete das Mädchen lange stumm, und als sich die ersten Häuser der Stadt zeigten, sagte ich: »Sie haben nichts dagegen, daß ich Sie begleite?« Als wäre dieser ganze lange Weg, den wir schon zurückgelegt hatten, noch eine unmittelbare Fortsetzung unserer Begegnungen im Walde und als begänne hier erst, im Anblick der Stadt, eigentlich meine Begleitung.

Ich nannte meinen Namen, sie erwiderte mit dem ihrigen. »Ihr Vorname?« fragte ich. »Was liegt Ihnen daran?« Ich hatte endlich das Thema, das mir zur Sicherheit verhelfen konnte. Hätte sie mir ihren Vornamen gesagt, ich wäre vielleicht stumm geblieben. Da sie mir ihn aber vorenthielt, konnte ich in einer Weise, von der ich überzeugt war, daß sie geistreich sei, erklären, bei Frauen sei der Vorname sehr wichtig.

Dennoch verriet sie ihn nicht. Wir gingen in einige Läden einkaufen. Wir blieben vor vielen Schaufenstern stehen. Wir gingen in einen Park, setzten uns in eine abgeschiedene Allee – nicht, weil wir etwa Bewegungen oder Worte vor den Menschen zu verbergen hatten, sondern um uns selbst zu diesen Bewegungen und Worten zu ermuntern. Es war grün, dunkel und still, aber der tiefe Schatten selbst, der hier herrschte, war von Sonne durchtränkt, so daß man ihr Gewicht fühlte, obwohl man ihr Licht nicht sah. Aus einer unermeßlichen Ferne kamen Geräusche der Stadt, wie Lebenszeichen einer versunkenen Welt. In unserer Nähe zwitscherten Vögel – und obwohl ich wußte, daß es gewöhnliche Spatzen waren, sagte ich wie einer, der mit der Natur außerordentlich vertraut ist: »Das war ein Stieglitz.« »Er ist gewiß aus einem Käfig davongeflogen!« sagte das Mädchen, und nichts konnte ihre Zuneigung zu mir besser beweisen als diese horrende Verwechslung. Ich hätte auch »Kanarienvogel« sagen können oder »Papagei«. Ich erinnere mich noch genau, wie wir auf der Bank, in deren Mitte wir zuerst saßen, immer näher zueinanderrückten. Aber sooft wir schon so nahe waren, daß ich eine gute, weiche Wärme an meinem Arm fühlte, wie man etwa, solange man sehr jung ist, eine Vorfreude an der Haut fühlen kann, rückte das Mädchen auf einmal ein Stückchen weiter und schob zwischen uns Luft, die ich als kalt empfand, obwohl der Tag sehr heiß war.

In dieser Allee kam es zu nichts. Als wir sie verließen, war der Abend schon in der Stadt, rötlich, golden, mit einer tiefblauen, klargezackten Wolkenwand im Westen und dem Orangenrot, das Wind für den nächsten Tag anzukündigen pflegt und das mich plötzlich, als hätte ich mich schon so lange nach Wind gesehnt, in einen begeisterten Taumel versetzte. Ja, Wind! das konnte man brauchen.

Wir gingen durch die dunkle Straße, die zum Haus des Mädchens führte. Wir blieben nicht auf einer Straßenseite. Wir wechselten hinüber und zurück und wußten wahrscheinlich nicht, daß wir den Weg also verlängerten. Hinter einem Zaun stieß ein Hund ein stürmisches Gebell aus. Das Mädchen faßte nach meinem Arm. Das Bellen war so nahe, daß sie in der Dunkelheit glauben konnte, der Hund befände sich nicht hinter dem Zaun, sondern unmittelbar vor uns. Ich aber, der ich diese Möglichkeit auch einen Augenblick überlegte, erschrak dennoch nicht. Denn es ist zwar nicht richtig, daß der Mann im allgemeinen ruhiger sei als die Frau; aber er ist ruhig, wenn er verliebt ist. Und ich war bereits verliebt.

Einen Augenblick später teilte mir das Mädchen mit, leise und mit einer Stimme, die wie ein Vorbote einer Umarmung war, daß sie Lisa heiße. Und als wäre das ein Grund oder eine Vorbedingung, begannen wir uns zu küssen, heftig und beide erschrocken, wie in einem Zorn, und nicht, wie um unsere Liebe zu gestehen, sondern wie um unsere Kräfte aneinander zu messen. Es dauerte lange und behielt doch eine konstante Heftigkeit. Es war wie ein Blitz, der nicht zuckt, sondern lange flammt.

Damit hatte unsere Liebe begonnen, und sie sah aus, wie man sie sich vorstellen kann, nachdem man alle anderen Umstände kennt: unsere Jugend, den Sommer und den Wald.

2. Kapitel

Eines Tages sagte Lisa, sie werde morgen Besuch bekommen, eine Cousine aus der großen Stadt. Ich begann, diese Cousine sofort zu hassen mit der ganzen jäh aufbrechenden Wut eines tödlich Beleidigten. Und statt ruhig zu überlegen, wie wir trotz der Cousine unsere Liebe weiterführen könnten – wie ich heute überlegen würde, da ich so häufig weise und so niemals verliebt bin –, geriet ich in Zorn und gab Lisa beim Abschied eine trockene, kalte Hand.

Die Cousine – sie erschien mir häßlich, schlecht angezogen, unmanierlich, boshaft und dumm – blieb acht Tage. Ich begleitete beide Mädchen, trank mit ihnen Kaffee und Schokolade in Konditoreien und war beiden gleich fremd. Lisa schien sich meiner kaum zu erinnern. Sie machte Witze über mich. Manchmal begannen beide Mädchen miteinander zu flüstern – eine halbe Stunde lang, in der ich ausgeschaltet war aus ihrer Nähe. Sie ließen einen Vorhang aus Stille fallen und unterhielten sich dahinter. Ich weiß heute, daß sie ganz unbedeutende Dinge besprachen, die sie auch laut hätten sagen können. Ich erfuhr es später und werde noch erzählen, von wem.

Als die Cousine verreist war, schien mir Lisa verwandelt. Wir sprachen miteinander, manchmal flog ein Lachen zwischen uns auf wie ein seltener weißer fremder Vogel. Aber die Worte, die wir einander sagten, hatten eine ganz einfache Bedeutung, sie waren, was sie hießen, während sie früher Symbole gewesen waren, nicht Laute, sondern Türen und Tore zu großen Welten, in die wir blickten und in die wir oft auch eintraten. Jetzt reihten sich unsere Worte aneinander wie in einem Wörterbuch. Einmal im Walde, nach einer langen Stille, begann ich, ihre Hand zu streicheln. Aber sie stand sofort auf, und ich fühlte, daß sie mir nicht Unrecht tat, denn ich hatte nach ihrer Hand gegriffen, nicht mit der Leidenschaft von einst, sondern nur, um mich an jene Leidenschaft zu erinnern.

So wie einer, der in einer bestimmten Stadt einmal sehr glücklich war, nach Jahren noch einmal in diese Stadt kommt, weil
er glaubt, er werde durch die Wiederholung der Situation auch
das Glück wiederholen.

Seit damals trafen wir uns nicht mehr. Wir vermieden auch,
uns zu treffen.

3. Kapitel

Einige Jahre später traf ich in der großen Stadt die Cousine. Im
Gegensatz zu Lisa hieß sie Margot. Sie gefiel mir. Sie war ele-
gant, witzig, übermütig. Sie vermittelte mir eine Ahnung von
der großen Welt, an deren Glanz ich damals noch glaubte.

Margot erzählte mir, daß sie mich auch vor einigen Jahren
schon sehr liebenswert gefunden hätte. Infolgedessen hätte sie
auch gleichgültige Dinge mit ihrer Cousine so leise besprochen.
Das sei ein Beweis für Liebe, erklärte sie.

Ich erwiderte, daß ich jetzt in der Lage sei, neue Beweise
zu erwarten. Sie antwortete. Und mit ihrer Antwort beginnt
meine dritte Liebe, von deren Verlauf zu erzählen ich aber nicht
mehr verpflichtet bin.

WYSTAN HUGH AUDEN
Seither

Einmal mitten im Dezember,
Würstchen bratend
mir allein, fühlte ich plötzlich
unter den Fingern
dreißig Jahre jünger den Rand
eines Lenkrads,
auf der Wange den sengenden Wind

eines Augustnachmittags,
als Mitfahrer neben mir
du wie du damals warst.

Quer dahin durch das Schwemmland,
auf dem Gemüse wuchs,
rasten wir in Wolken weißen Staubs,
und Gänse flohen kreischend
als wir sie um Haaresbreite verfehlten,
schnurstracks auf Berge zu
die gegen Osten
mählich anstiegen,
freudvoll gewiß, daß die Nacht
Freude bringen würde

Was sie tat. In verfliester Küche
reichte man uns blaue Forellen
und einen scharfen Käse. Eine Weile
schwatzten wir vor dem Feuer,
dann, Kerzen tragend, erstiegen wir
eine steile Treppe. Liebe fand
statt, dann und dort. So befriedet
fielen wir bald in Schlaf
draußen brach der Fluß
schwappend durch die Klamm.

Andre Verzauberungen sind seither
aufgelodert und verlöscht,
Feinde wechselten den Wohnort,
und verunziert hat der Krieg
eine unberechenbare Zahl
von unbekannten Nachbarn,
sich selbst so wertvoll wie uns.
Aber um dein Bild

liegt kein Dunst, und die Erde
kann noch überraschen.

Worüber denn soll ich klagen
herumkramend in einer
sauberen Vorstadtküche?
Einsamkeit? Unsinn!
Hab Gesellschaft genug an
wirklichen Gesichtern und Landschaften,
ihrer freundlichen Miene willen
kann ich zumindest lernen,
mit Leibesfülle zu leben
und ein bißchen Ruhm.

CLEMENS BRENTANO
Hast du nicht mein Glück gesehen?

Vogel halte, laß dich fragen
Hast du nicht mein Glück gesehn
Hast du's in dein Nest getragen,
Ei dein Glück, ei sage wen?

Eine feine zarte Rebe
Und zwei Träublein Feuerwein
Drüber Seidenwürmer Gewebe
Drunter süße Maulbeerlein.

Hier hab' ich's im Arm gewieget
Hier am Herzen drückt' ich's fest,
Lieblich hat sich's angeschmiegen
Und du Vogel trugst's ins Nest.

Armer Mann, dein Glück ich wette,
War ein Liebchen und kein Strauß
Ging aus deinem Arm zu Bette
Und du gingst allein zu Haus.

Meinst du? – Nun so sag mir Quelle
Hast du nicht mein Glück gesehn
Trug's ins Meer nicht deine Welle
Ei dein Glück, ei sage wen?

Eine tauberauschte Rose
Und zwei Rosentöchterlein
Frühlingsträume ihr im Schoße,
Wachten auf und schliefen ein.

Hier am Herzen hat's gehauchet,
Süßen Duft, Goldbienen schwer
Sind die Küsse eingetauchet.
Fort ist's – Ach du trugst's ins Meer.

Armer Mann, dein Glück ich wette,
Linder war dein Rosenlos
Ging aus deinem Arm zu Bette
Heim trugst du die Dornen bloß.

Meinst du, will ich Taube fragen,
Hast du nicht mein Glück gesehn
Nicht ins Felsennest getragen?
– Ei dein Glück! – ei sage wen?

Eine goldne Honigwabe,
Süßen Seim und Wachs so rein
Aller Küsse Blumengabe
Schlossen drin die Bienen ein.

Ach ich trug es an die Lippen
Duftend, schimmernd, süß und lind
Durft' ein bißchen daran nippen
War doch ein verwöhntes Kind.

Armer Mann, dein Glück, ich wette,
Linder war's, als Honigseim
Ging aus deinem Arm zu Bette,
Und du gingest einsam heim.

Meinst du? – will ich Echo fragen,
Hast du nicht mein Glück gesehn,
Und willst allen wieder sagen?
Ei dein Glück, ei sage wen?

Einer Stimme süßes Klagen
Locken, Flüstern, Wonn' und Weh',
Nachtigallen-Traumeszagen
Bitte, bitte, geh o geh!

Mir am Herzen hat's gewehet
Alle Wonnen, allen Schmerz,
Wie ein Kinderseelchen flehet
Unter süßem Mutterherz!

Armer Mann! dein Glück, ich wette,
War ein linder träumend Wort,
Fleht' aus deinem Arm zu Bette,
Du gingst einsam dichtend fort.

Meinst du. – muß ich Rose fragen,
Hast du nicht mein Glück gesehn
Birgt dein Schoß nicht süßes Zagen.
Ei dein Glück: Ei sage wen!

Süßes Duften, wachend Träumen,
Hülle, Fülle, süß und warm
Bienenkuß an Rausches Säumen
Irrend, suchend, Rausches arm.

Hier am Herzen hat's geblühet,
Meine Seele süß umlaubt,
Liebe hat mein Blut durchglühet,
Hoffnung hat doch nicht geglaubt.

Armer Mann, dein Glück ich wette
Linder war's, als Trunkenheit
Ging aus deinem Arm zu Bette
Du gingst einsam, kühl, es schneit.

Meinst du, frage ich die Sterne,
Habt ihr nicht mein Glück gesehn?
Sterne sehn ja Augen gerne.
Ei dein Glück? ei sage wen?

Lockennacht an Himmelsstirne
Sinnend, minnend Doppellicht,
Augen blitzend Glücksgestirne,
Andern Sternen folg' ich nicht.

Sah's von Tränen tief verschleiert
Sah's von Sehnen tief durchglüht
Sah's durchleuchtet, sah's durchfeuert
Sah's wie Liebe blüht und flieht.

Armer Mann, dein Glück ich wette
War ein linder Augenschein,
Ging aus deinem Arm zu Bette,
Durch die Nacht gingst du allein.

Meinst du, muß die Lilie fragen
Hast du nicht mein Glück gesehn
Reimt sich dir, doch darf's nicht sagen.
Ei dein Glück, ei sage wen?

Eine, eine, sag nicht welche,
Stand im Gärtchen nachts allein
Sah o Lilie! deine Kelche
Überströmt von Lichtesschein.

Hat von Lilien, Engeln, Sternen
Schon an meiner Brust geträumt,
Alle Nähen, alle Fernen
Mir mit Dichtergold gesäumt.

Sel'ger Mann, dein Glück, ich wette
Ist Emilie, fein und lieb
Ging aus deinem Arm zu Bette
Dir des Traumes Goldsaum blieb.

Meinst du, muß Emilien fragen,
Hast du nicht mein Glück gesehn
Hast du's in dein Bett getragen?
– Ei dein Glück, o sage wen?

Ein Süßlieb, schwarzlaub'ge Linde
Schwüle, kühle, süße Glut,
Feuermark in Eises Rinde
Hüpfend Kind in freud'gem Blut.

JOHANN GEORG JACOBI
Erinnerung

Glück der Engel, wo geblieben?
Wo geblieben, schöner Tag,
Als mit unbesorgtem Lieben
Ihre Hand auf meinem Herzen lag?

O sie fühlte jeden Schlag,
Und in jedem lauter Lieben!
Wo geblieben,
Glück der Engel, schöner Tag?

FRANCESCO PETRARCA
Beglückte Seele

Beglückte Seele, die in trüber Nacht
Oft mich zu trösten kommt in bangen Stunden,
Mit Augen, deren Glanz noch nicht geschwunden,
Nur über alles Irdische entfacht.

Wie hast du dankbar fröhlich mich gemacht,
Daß du in trüber Zeit dich eingefunden!
Wie einst, an alten lieben Ort gebunden,
Wird mir dein Reiz von neuem nah gebracht.

Dort ging ich manches Jahr, vor dir zu singen,
Jetzt geh' ich, wie du siehst, umher und weine,
Doch nicht um dich, nein, um mein eignes Leid.
Nur eins kann meinen Gram zur Ruhe bringen,
Daß, kommst du, ich dich kenne, dich, die Eine:
An Gang und Stimme, am Gesicht, am Kleid.

*»Warum glauben wir alle,
wir müßten glücklich sein?«*

ZEIT DER GLÜCKSSUCHE

Glück in Liebe, Spiel und Dichtung

Wahre Lieb und Poesie,
Kunst des Verses und der Minne
Hat man von Natur schon inne,
Lernen aber läßt sichs nie.

Willst du mit Gewalt gewinnen?
Kennst du nicht das lange Warten
Auf die Zufallsgunst der Karten?
Ist beim Spiel doch wie beim Dichten
Nichts mit Eifer auszurichten,
Haben ihren eignen Willen.

Willst du gute Verse bringen,
Soll dir Glück im Spiele lachen,
Glaube nicht, du kannsts erzwingen.
Nicht der Hitzkopf wird es machen,
Nicht dem Starrkopf kanns gelingen.

Sprüche der Weisen

Das Talent, Glück zu bereiten, ist der höchste Beweis der
menschlichen Selbstvollendung.

LUDWIG HOHL
Die Notizen

Daß man von Glück so wenig spricht (in Briefen, irgend Meldungen), hat noch einen andern Grund als den, daß man produktiv sein muß (das heißt das Schlechte zur Behandlung bringen, nicht das Gute, welches es ja nicht nötig hat): Wenn wir sie nennen, sind die Dinge meistens vorüber, – die Leiden und die guten Dinge auch.

KURT VONNEGUT
Dann lieber gleich tot

Ja, und am selben gestrigen Tag gab ich Antwort auf Fragen, die mir eine britische Zeitschrift, der *Weekly Guardian*, geschickt hatte. Und zwar so:

F.: Was ist für Sie das vollkommene Glück?
A.: Mir auszumalen, irgendwo kümmere sich irgend jemand darum, daß wir uns hier wohlfühlen.
F.: Welchen lebenden Menschen verehren Sie am meisten?
A.: Nancy Reagan.
F.: Welchen Wesenszug verurteilen Sie bei andren am meisten?
A.: Gesellschaftlichen Darwinismus.
F.: Was für ein Auto fahren Sie?
A.: Einen Honda Accord von 1988.
F.: Was ist Ihr liebster Geruch?
A.: Der aus der Hintertür einer Bäckerei kommt.
F.: Was ist Ihr Lieblings-Wort?
A.: »Amen.«
F.: Welches Bauwerk mögen Sie am liebsten?
A.: Das Chrysler-Gebäude in Manhattan.

F.: Welches Wort oder welche Wendung gebrauchen Sie zu oft?

A.: »Entschuldige bitte.«

F.: Wann und wo waren Sie am glücklichsten?

A.: Vor etwa zehn Jahren. Da lud mich mein finnischer Verleger in ein kleines Gasthaus am Rande des Ewigen Schnees ein. Als wir dort einen Spaziergang machten, fanden wir Büsche voller gefrorener, reifer Heidelbeeren. Wir ließen sie im Munde auftauen. Das war, als kümmere sich irgendwo irgend jemand darum, daß wir uns hier wohlfühlen.

F.: Wie möchten Sie sterben?

A.: Bei einem Flugzeugabsturz auf dem Kilimandscharo.

F.: Welches Talent hätten Sie gern?

A.: Cello spielen.

F.: Was ist für Sie die am meisten überschätzte Tugend?

A.: Zähne.

KV 17. Januar 1991

HUBERT SELBY
Glückskekse

Harry saß in einer der hinteren Nischen des Chinarestaurants. Er war allein und durcheinander, rührte lustlos in seiner Hühnersuppe mit Eierblumen herum, und von Zeit zu Zeit aß er einen Löffelvoll. Der Boß hatte es ihm noch nicht direkt gesagt, aber er wußte, daß seine Zeit ablief... jedenfalls bald. Er hatte Harry keine Frist gesetzt, aber seine Blicke und Bemerkungen – und noch mehr das Gefühl, das Harry empfand, wenn er in der Nähe war, und das ihn überkam, wenn er das Büro betrat oder wenn er auch nur am Telefon war, all das hatte Harry zu der Einsicht gebracht, daß seine Zeit ablief. Es war nicht Besorgnis, die Harry deswegen empfand. Dieses Gefühl kannte er. Damit sollte er leben können und hatte er auch sein ganzes Leben lang gelebt, und in der letzten Zeit war es von Tag zu Tag schlimmer geworden ... Tag für Tag? Herrgott, es wurde von Stunde zu Stunde schlimmer und im Moment von Minute zu Minute. Es war mehr als Besorgnis, es war Einsicht.

Ein Vertreter muß verkaufen. So einfach ist das. Ein Vertreter verkauft etwas, und wenn er nichts verkauft, ist er kein Vertreter, und wer braucht einen Vertreter, der nichts verkauft. Firmen behalten Vertreter, die nichts verkaufen, nicht besonders lange. Im Prinzip konnte er von Glück sagen, daß sie ihn so lange behalten hatten, ihm sogar eine Kundenliste gegeben hatten. Aber die Liste von letzter Woche war die letzte, die er bekommen würde, und heute war vermutlich seine letzte Chance. Wenn er heute nichts verkaufte ... er starrte eine Minute lang in seine Suppe, schob sie dann von sich, und der Ober nahm sie schnell weg, um statt dessen einen Teller mit dem Hauptgericht vor ihn hinzustellen. Harry verzog den Mund zu einem flüchtigen Lächeln, holte dann tief Luft und machte sich daran, die Soja-Sauce in sein Chow Mein zu rühren.

Er mußte diesen Vertrag heute abschließen. Er hatte keine andere Wahl. Es ging ums schiere Überleben ... ein Knoten bildete sich in seinem Magen und fraß sich nach oben, bis er ihm die Kehle zuschnürte, und Harry atmete tief durch und versuchte sich zu entspannen, damit er wenigstens essen konnte. Er aß ein wenig und versuchte das Ganze positiv anzugehen. Eigentlich kann er es ja. Er kann diesen Abschluß machen. Er wird einfach reingehen, lächeln, ungezwungen sein und dem Produkt und dem Kunden das Verkaufen überlassen. Genau! Mehr ist nicht dabei – aber genau das mache ich seit Monaten, und es ist immer noch kein Auftrag dabei herausgekommen. Das Chow Mein sah schwerverdaulich und pampig aus. Aber ich habe heute morgen doch wieder eine

Kerze angezündet und den ganzen Kreuzweg gebetet, und das sollte doch was nützen – andererseits mache ich das auch schon seit Monaten. Erneut atmete er tief durch und versuchte sich zu entspannen... dann aß er ein paar Bissen. Kann mich nicht mit diesem ganzen Aberglauben verrückt machen – nicht daß Beten Aberglaube wäre, aber der ganze Kram von wegen dem Schlips und Anzug, der Glück bringt... muß ich mir aus dem Kopf schlagen... Richtig, selbst wenn mir irgendein Anzug oder Schlips Glück bringen würde. Demnächst hab ich vielleicht gar keinen Anzug oder Schlips mehr – das ist doch lächerlich. Dieser Anzug und dieser Schlips bringen mir genauso viel Glück wie jeder andere, den ich habe. Er zuckte die Achseln, mit denen sind mir genauso viele Geschäfte durch die Lappen gegangen wie mit all den anderen... er kicherte in sich hinein, lächelte sogar und wandte seine Aufmerksamkeit eine Weile wieder seinem Essen zu – irgendwie schienen die Nudeln nun doch etwas knuspriger. Dann lagen ihm wieder seine Sorgen wie ein Kloß im Magen und rumorten herum, und er dachte an seine Schuhe, vielleicht sind das ja meine Glücksschuhe, und er fing wieder an, still vor sich hinzulachen, und konnte seine Besorgnis so weit unter Kontrolle halten, daß er in der Lage war, sein Chow Mein fast ganz aufzuessen.

Der Ober räumte schnell die Teller ab und brachte ihm einen Glückskeks und die Rechnung. Harry spielte ein paar Minuten lang mit dem Keks, klopfte damit auf den Tisch, bis er ihn irgendwann, fast ohne es zu bemerken, aufbrach und den Prophezeiungszettel herausfummelte und einen Blick darauf warf, zunächst ohne daß die Worte darauf in sein Bewußtsein eindrangen, aber dann wurde der Hauch einer Wahrnehmung konkreter, und er betrachtete die Prophezeiung genau: Fasse Mut, heute ist der Tag, an dem das Glück dir lacht. Er nickte, ja... sicher. Sein Gesicht hellte sich auf, und er las es nochmal und setzte sich gerade. Warum nicht? Warum sollte es nicht mein Glückstag sein? Es muß der Glückstag von irgend je-

mand sein, und Luschen hatte ich wahrhaftig genug. Ja ...
genau, ich habe genug Luschen hinter mir. Das *kann* mein
Glückstag sein, warum solls jemand anders treffen ... Ganz
richtig ... absolut richtig. Die brauchen unser Material, und sie
können es genausogut von uns kaufen wie von jemand anderem. Wir sind genauso gut wie die anderen und besser als die
meisten. Und wir können termingerecht liefern. Das ist das,
was in dieser Branche zählt, pünktliche Lieferung genauso wie
Qualität. Und wir bieten das ... beides! Er tut sich und seiner
Firma einen Gefallen, wenn er bei uns bestellt. Du hast verdammt recht! Harry nickte wie zur Bestätigung und griff in
seine Tasche, um zu zahlen, dann hielt er inne und suchte nach
seinen Kreditkarten, die er seit Monaten nicht zu benutzen
wagte, und ließ eine davon auf das Tablett mit der Rechnung
fallen; er lehnte sich zurück, entspannt und in bester Stimmung.

Sein Termin mit Mr. Dasher lief wie am Schnürchen und
war über alle Erwartungen hinaus erfolgreich. Harry schien
genau im richtigen Moment das Richtige zu sagen und im richtigen Moment angemessen zu schweigen, um aufmerksam zuzuhören und dabei einen entspannten und selbstbewußten
Eindruck zu erwecken. Er agierte, als sei das Geschäft bereits
abgeschlossen, und als sei er nur da, um Mr. Dasher in jedwe-
der Hinsicht behilflich zu sein. Am Ende ihrer Besprechung
war Mr. Dasher ebenso glücklich wie Harry, und ihr abschlie-
ßender Händedruck und die letzten Worte waren geprägt von
einer außergewöhnlichen Herzlichkeit. Harry wußte, er hatte
einen Kunden fürs Leben.

Harry war natürlich völlig aus dem Häuschen, als er sich mit
der unterschriebenen Bestellung auf den Weg zurück ins Büro
machte, er war so glücklich darüber, den Handel abgeschlossen zu haben, daß er nicht mal anhielt, um auszurechnen, wie
hoch seine Provision sein würde. Als ihm der Gedanke in den
Sinn kam, wischte er ihn schnell beiseite, denn er wußte, daß

sie seine Vorschüsse ohnehin nicht ausgleichen würde. Und er wollte seine Stimmung nicht dadurch ruinieren, daß er über seine Finanzen nachdachte. Er hatte ein Geschäft abgeschlossen, ein dickes Geschäft. Das war wichtig. Er hatte eine Pechsträhne durchbrochen. Er war ein Sieger, und dafür war er dankbar.

Nachdem er den Auftrag bei den zuständigen Leuten im Büro abgeliefert hatte, rief er seinen Boß an und erzählte ihm davon. Zuerst klang Mr. Wells erstaunt, aber er wechselte schnell über zu einem erfreuten Tonfall. Das ist wunderbar, Harry. Gratuliere. Ich wußte, daß Sie's schaffen. Harry strahlte und lehnte sich in seinem Stuhl zurück, nickte und dankte Mr. Wells für seine Komplimente. Er legte auf und saß einige Minuten nur da und ließ diesem guten Gefühl freien Lauf ... dann rief er seine Frau an und erzählte ihr die guten Neuigkeiten. –

Harry blieb noch ein paar Minuten schweigend sitzen, dann sah er auf seine Uhr und begann zu telefonieren und Termine zu machen, er hatte keinerlei Schwierigkeiten, Termine zu bekommen, und er hatte noch nicht aufgehört, da war sein Kalender schon voll für die nächsten Wochen.

Harry zündete am nächsten Morgen eine Kerze an, denn er wollte nichts von dem auslassen, was zum Erfolg des Vortags geführt hatte, aber seine Haltung war diesmal anders. Er kniete sich nicht hin und flehte wie ein zum Tode Verurteilter, der sich einem Ritual beugt, um den allgemeinen Gepflogenheiten zu genügen, und dabei weiß, daß man ihn hinterher ohnehin zum Galgen führen wird – nein, es war vielmehr, wie wenn er einem Freund gegenüber Dankbarkeit zum Ausdruck brachte, für ein Geschenk, von dem er wußte, daß er es erhalten würde.

Natürlich aß Harry wieder im selben Restaurant zu Mittag. Er wollte sogar schon wieder Hühnersuppe mit Eierblumen und Chow Mein bestellen, aber er dachte, daß eine kleine Abwandlung nichts schaden könne, und entschloß sich zu Won Ton Suppe und Sub Gum Chow Mein. Der große Unterschied heute war seine Einstellung. Er saß an einem kleinen Tisch in der Mitte des Restaurants, lächelte und verspeiste seine Mahlzeit gutgelaunt und mit großem Genuß.

Als das Geschirr abgeräumt wurde und der Ober seinen Glückskeks brachte, lehnte er sich auf seinem Stuhl zurecht, einen Arm über die Rückenlehne, spielte nonchalant mit dem Keks und verspürte eine warme Glut in seinem Inneren. Er hob das Plätzchen auf und lächelte, während er es in seiner Hand rollte, klopfte damit an den Teller, drehte es herum, spielte mit dem Glückskeks Kreisel und lehnte sich beiläufig vor und brach ihn in zwei Hälften und zog die Prophezeiung heraus: Heute ist ein Tag, an dem Sie bestimmt auftreten sollten. Er drückte die Schultern durch, warf sich in die Brust, ja, stimmt genau. Selbstsicherheit ausstrahlend, verließ er festen Schrittes das Restaurant.

Er hatte für den Nachmittag zwei Termine ausgemacht, und beide verliefen reibungslos und endeten mit großen Bestellungen, genau wie er es vorhergesehen hatte. Er hatte den richtigen Dreh heraus und die Welt im Griff. Er konnte nicht verlieren. Das wußte er genau. Er konnte nicht verlieren. Er war auf der Siegerstraße.

Am folgenden Tag hatte er zum erstenmal eine leise Vorahnung, ein Zittern, als er erkannte, daß er seine Gepflogenheiten würde ändern müssen, aber er weigerte sich standhaft, seine Zuversicht davon beeinträchtigen zu lassen. Er hatte mit einem seiner interessierten Kunden eine Verabredung zum Lunch getroffen, und da das Büro dieses Geschäftspartners am anderen Ende der Stadt lag, gab es keine Möglichkeit, in dem Chinarestaurant nebenan zu Mittag zu essen. Also sah Harry die gelben Seiten nach einem chinesischen Restaurant in der Nähe seines Kunden durch und fand eines, das nur eincinhalb Straßen von dessen Büro entfernt lag. Als er vorschlug, zum Lunch dorthin zu gehen, willigte der andere bereitwillig ein.

Harrys entspannte Haltung übertrug sich auf seinen Kunden, und so genossen beide ihr Mittagessen. Harry spielte nicht mit seinem Plätzchen herum, sondern ignorierte es so lange wie möglich, während sie ihre Unterredung fortsetzten, dann brach er es beiläufig auf und lächelte, als er die Prophezeiung las: Erfolg fällt den Erfolgreichen zu. Harry stimmte innerlich zu, stimmt genau, Erfolg gebiert Erfolg, und da bin ich schon für Inzucht. Der andere Mann beachtete seinen Glückskeks gar nicht, und so hob Harry ihn heimlich auf und steckte ihn in seine Tasche, als sie sich zum Gehen erhoben. Vielleicht nützt es ja noch was.

Als Harry 45 Minuten später das Büro des Mannes verließ, hatte er einen großen Auftrag in der Tasche. Er meldete es in seinem Büro und spazierte ein Weilchen herum, bis es Zeit war, zu seinem nächsten Termin zu gehen. Auch dieser verlief genau, wie Harry es vorausgesehen hatte – das andere Plätzchen hatte es vorhergesagt –, also hatte er zwei Aufträge bis dahin. Harry wußte, daß er früher oder später einmal ein Büro ohne Auftragsbestätigung verlassen würde, das ließ sich nicht vermeiden, aber im Augenblick ritt er auf der Welle des Erfolgs, und das würde er ausnutzen, solange er konnte.

Er wußte außerdem, daß die Glücksplätzchen nicht wirklich etwas mit den Verkäufen zu tun hatten, aber er wollte kein Risiko eingehen, und so machte er weiter mit Kerzen am Morgen und dem Chinarestaurant am Nachmittag. Und die Geschäfte liefen gut. Sie liefen großartig! Seine Verkäufe stiegen sogar derartig schnell, daß es so aussah, als ob er beste Chancen hatte, zum Vertreter des Jahres gewählt zu werden. Und mit den Verkäufen stiegen seine Provisionen, und so langsam würde er sich wohl darum kümmern müssen, wie er seine Einnahmen an der Steuer vorbeimanövrieren könnte. Er lächelte und grinste, als er darüber nachdachte, nicht schlecht, wie er dastand.

Mehrere Monate lang lief es fast perfekt. Sogar Leute, die ihm keinen Auftrag gaben, waren so eingenommen von ihm, daß sie ihm zusicherten, sie würden auf ihn zurückkommen, falls sich ihre Situation je ändern sollte. Aber schließlich kam der unvermeidliche Sand ins Getriebe, und Harry mußte einen Weg finden, den Sand loszuwerden, ohne das Getriebe auszuwechseln. Er wurde ein Opfer des Chinarestaurant-Syndroms.

Als er das erste Mal davon heimgesucht wurde, kam er hinterher zu spät zu einem Termin, aber glücklicherweise hatte das keine negativen Folgen, und er überlebte den Anfall und bekam den Auftrag. Anfangs, als er sich auf dem Klosett in Krämpfen wand und der Schweiß ihm in Strömen aus den Poren rann, wußte er, daß er damit aufhören mußte, jeden Nachmittag ins Chinarestaurant zu gehen. Dann, nachdem er mit dem Auftrag ins Büro zurückgekehrt war und sich entspannt hatte, ging ihm auf, daß er etwas voreilig war. Nicht daß er abergläubisch gewesen wäre, verstehen Sie, aber es erschien ihm nicht sinnvoll, Gewohnheiten zu ändern, die sich bewährt hatten.

Der folgende Tag überzeugte ihn. Und obwohl er wußte, daß seine Verkäufe nicht davon abhingen, daß er jeden Tag chinesisch essen ging, suchte er doch nach einer Möglichkeit, dies zu tun, ohne daß ihm übel wurde. Oder, um genauer zu sein, nach einer Möglichkeit, an das Glücksplätzchen zu kommen, das er brauchte – nein, nein, er brauchte es nicht wirklich, aber … naja, was solls denn verdammt noch mal, jeder hat schließlich irgendeinen Glücksbringer. Es ist bestimmt nicht anders als eine Hasenpfote. Geistesabwesend runzelte er die Stirn und zuckte die Achseln, was solls, verdammt noch mal.

Am nächsten Tag ging er zu einem kleinen Chinaimbiß mit Außer-Haus-Verkauf, nahm den Glückskeks aus der Tüte, warf den Rest in die nächste Mülltonne und ging dann zum Lunch. Er strahlte vor Stolz über seinen Einfallsreichtum und die Leichtigkeit, mit der er das Problem gelöst hatte. Er ging nun jeden Tag zu dem Imbiß, bestellte verschiedene Gerichte und warf sie weg, nachdem er den Glückskeks herausgenommen hatte.

Als er eines Tages ein paar Mädchen aus seinem Büro am Stand entdeckte, ging er weiter und kam erst nach zehn Minuten wieder zurück, wobei er sich sorgsam umschaute, um sicher zu sein, daß sonst niemand aus seinem Büro dort war. Von nun an blickte er verstohlen über die Schulter, wenn er das Büro verließ, um die Gewißheit zu haben, daß niemand, der ihn kannte, in der Nähe war, und er schaute sich wieder vorsichtig um, bevor er die Tüte mit dem Essen so lässig wie möglich in eine Mülltonne warf, wobei er den Blick gen Himmel richtete und sich dann pfeifend davonmachte.

Es dauerte nicht lange, bis die Zwanghaftigkeit dieser Vorgehensweise in ihm Ängste weckte, und so ging er dazu über, zuerst seinen Lunch in der Umgebung zu essen und dann zu einem Imbiß zu gehen, der etwas weiter weg vom Büro lag, um dort seinen Glückskeks zu bekommen.

Nach vielen Versuchen und einigem Herzklopfen fand er heraus, daß er alle vier Tage gefahrlos und ohne Angst vor einem Anfall chinesisch essen konnte. Und so probierte er sich durch das chinesische Essen von einem Ende der Stadt zum anderen. Eines Tages, als er in Chinatown war, machte er eine beglückende und verblüffende Entdeckung: einen Laden, der Glückskekse tütenweise verkaufte. Jetzt mußte er sich wirklich keine Sorgen mehr machen.

Er verwahrte die Tüte mit den Plätzchen in seiner Schreibtischschublade und teilte sie sich ein, jedesmal eines. Aber dann stellten sich irgendwann Schwierigkeiten ein, manche der Prophezeiungen zu verstehen. Naja, es war nicht so, daß sie schwer verständlich wären, es war so, daß sie doppeldeutig waren oder einfach nicht zu der unmittelbaren Situation paßten. Also war Harry gezwungen, ein anderes zu öffnen ... und dann noch eins, bis er eins fand, das den Tag über Gültigkeit hatte, bevor er hinausging zu seinen Besprechungen. Bald mußte er die Tüten im Dutzend kaufen, wenn er die Gewißheit haben wollte, daß sie ihm nicht ausgingen, und wenn er das Büro verließ, war es ganz bedeckt mit Kekskrümeln, und seine alte Besorgnis versetzte ihm von Zeit zu Zeit einen leichten Stich.

Eines Morgens war Harry dabei, Unterlagen zu studieren und Informationen zusammenzustellen, die er einem Kunden vorlegen wollte. Es handelte sich um ein internationales Unternehmen, und wenn es Harry gelänge, das Geschäft abzuschließen, würde dies seiner Firma und ihm Perspektiven eröffnen, von denen man nicht einmal zu träumen wagte. Unter anderem könnte es auch dazu führen, daß Harry in die Firmenleitung aufsteigen würde.

Er hatte sechs Monate lang daran gearbeitet, endlose Stunden und ungeheure Anstrengungen und schöpferische Fantasie darauf verwendet, und dieser Termin, bei dem es um ja oder nein ging, war morgen nachmittag. Er hatte alles zusammengestellt und war gerade dabei, es noch mal durchzugehen, als er angerufen wurde und man ihm mitteilte, daß die Unterredung am nächsten Tag ausfallen würde. Mr. Ralston müsse unerwartet ins Ausland, ob Harry den Termin auf diesen Nachmittag um zwei vorverlegen könnte, weil Mr. Ralston nicht wüßte, wann er wieder Zeit haben würde.

Harry willigte schnell ein und griff automatisch in seine Schreibtischschublade nach einem Glücksplätzchen. Er las die Prophezeiung, runzelte die Stirn und warf sie weg. Wer braucht denn so was: Wer zweifelt, ist verloren, aber es ist besser, verloren zu sein als tot. Was ist das für ein Unfug? Er öffnete noch eins ... und noch eins und noch eins und wurde immer besorgter und ärgerlicher. Die Mehrdeutigkeit von einigen der vorausgegangenen Prophezeiungen hatte ihn schon früher gestört, aber nun waren sie niederschmetternd negativ. Er griff nach der letzten, und die war genauso. Wenn er sich die Ratschläge der Plätzchen, die er heute öffnete, zu Herzen nähme, müßte er nach Hause gehen und sich im Schrank einsperren. Und ganz danach war ihm jetzt auch zumute. Der Gedanke, in dieser nervösen und üblen Laune zu versuchen, das Geschäft abzuschließen, war ihm zuwider. Er verzog das Gesicht und schaute auf den Haufen Kekse und Prophezeiungen in seinem Papierkorb. Was zum Teufel ging da vor? Warum kehrte sich plötzlich alles gegen ihn? Herrgott, er wünschte, er könnte den Termin absagen! Aber wenn er das tat, war alles gelaufen. Er würde nie wieder eine Chance bekommen. Jedenfalls keine wie diese. Er würde nicht in die Firmenleitung aufsteigen. Er mußte sich heute mit ihm treffen. Aber warum ging denn nur alles schief? Er hatte am Morgen seine Kerzen angezündet. Warum mußte das ihm passieren? Zum dritten oder vierten Mal durchsuchte er all seine Schubladen, in der Hoffnung, irgendwo noch ein einzelnes Glücksplätzchen zu finden, das er irgendwie übersehen hatte, aber ohne Erfolg. Es war keins mehr da. Er stand völlig ohne da. Außer wenn er einen vorgezogenen Lunch im Chinarestaurant nebenan einnehmen würde. Er strahlte, ja. Das werd ich machen. Da hat sowieso alles angefangen. Ich werde schnell zu Mittag essen und habe dann immer noch eine Menge Zeit, in die Stadt zu fahren. Er bürstete die Kekskrümel von seinem Anzug und verließ das Büro.

Irgend etwas sagte ihm, daß es nicht übermäßig klug sei, hier heute zu Mittag zu essen, nachdem er gestern in einem Chinarestaurant gewesen war, aber er war gezwungen, den Gedanken beiseite zu schieben. Er würde vorsichtig sein. Er würde nicht viel essen. Er würde kein Risiko eingehen, dem Chinarestaurant-Syndrom zum Opfer zu fallen. Nicht heute, und eine schwache Stimme in seinem Hinterkopf sagte: Berühmte letzte Worte.

Er aß die Suppe und ein wenig Chop Suey und griff schnell nach dem Glücksplätzchen, als der Ober es brachte, und zer-

bröselte es und las die Prophezeiung und starrte darauf: Es gibt
Zeiten, wo es am klügsten ist, gar nichts zu tun. Er konnte es
nicht fassen. Das ging nicht mit rechten Dingen zu. Er winkte
dem Ober und fragte, ob er ihm noch einen Glückskeks bringen könnte. Er nickte, und als er ihn brachte, knackte Harry
ihn auf, und er hätte beinahe laut aufgestöhnt, als er die Prophezeiung las. Schon wieder. Ich muß träumen. Jemand spielt
mir wohl Streiche.

Er rief wieder nach dem Ober und bat um ein Dutzend
Glücksplätzchen. Der Ober schaute ihn eine ganze Weile lang
an, Harry sagte aufgeregt, daß er dafür bezahlen werde, rang
sich ein Lächeln ab und erklärte, daß es sich um einen Scherz
handele. Schließlich zuckte der Ober die Achseln und brachte
ihm noch ein Dutzend Glücksplätzchen. Harry starrte sie einen
Moment lang an, der Ober warf ihm Blicke zu, unterhielt
sich mit den anderen Obern, zuckte die Achseln und schüttelte
den Kopf. Harry atmete tief durch, entspannte sich so gut es
ging und machte sich daran, das erste zu öffnen. Er gürtete
seine Lenden, als ob er gleich von einem dreißig Meter hohen
Turm durch einen Flammenring in ein Wasserbassin springen
müßte. Er öffnete das erste, las es schnell, stieß es beiseite und
ging zum nächsten über, wiederholte den gleichen Vorgang,
seine Beklemmung lag ihm wie ein Kloß im Magen, der immer
größer wurde mit jedem Keks, seine Übelkeit wurde immer
schlimmer, bis er sie alle aufgemacht hatte (mittlerweile schau-
ten die Kellner alle zu und kratzten sich am Kopf) und er vor
einem Haufen zerbröselter Plätzchen und zerknüllter Prophezeiungen saß. Harry war den Tränen nahe. Er konnte nicht
fassen, daß ihm so etwas passierte. Er stand an der Schwelle
seines größten Erfolges, und nun kehrte sich die ganze Welt
gegen ihn. Er hatte doch niemandem etwas getan. Er zündete
jeden Morgen seine Kerzen an. Warum mußte ihm das passieren? Es war ungerecht. Verdammt noch mal, es war ungerecht!
Das lasse ich nicht mit mir machen! Ich will verdammt sein,

wenn doch! Nein!!! Das letzte Wort sagte er laut, und er schlug mit der Faust auf den Tisch, hart und laut mitten in den Haufen von Kekskrümeln, das Geschirr und die kleinen Fläschchen hüpften und klirrten, Leute verstummten plötzlich, saßen schweigend da, ihre Gabeln schienen in der Luft zu schweben, sie blickten zunächst einander an und drehten sich dann herum, um die Quelle der Störung auszumachen; auch die Kellner hielten mitten in der Bewegung inne, blickten zu Harry und blinzelten, als Harry seine Hand in die Plätzchen senkte und brüllte, das lasse ich nicht mit mir machen! Jawoll!! Als er seine Rechnung bezahlte, murmelte Harry immer noch vor sich hin, er bemerkte nicht, daß jeder ihn anstarrte und allgemein die Meinung herrschte, daß er wohl ein spinnerter Kauz sei.

Als er Mr. Ralstons Büro betrat, sprühte Harry vor Energie. Als erstes setzte Mr. Ralston Harry davon in Kenntnis, daß er sehr beschäftigt sei und keine Zeit für lange Umschweife habe. Harry paßte das wunderbar, denn er war gut vorbereitet und wollte selbst gleich zum Thema kommen. Er legte rasch alle Zahlen dar, gab Mr. Ralston von allem eine Kopie, wies auf die wichtigen Punkte hin, hatte keinerlei Probleme damit, Fragen kurz und bündig zu beantworten, und als das Treffen beendet wurde, verließ er Mr. Ralstons Büro mit dem Vertrag in der Tasche.

Als er zurückkam, ging Harry direkt in sein Büro und ließ sich in seinen Sessel plumpsen. Mittlerweile war er schweißgebadet, und in seinem Inneren kämpfte die Verwirrung mit seinem Unglauben. Er hatte den unterschriebenen Vertrag hier vor sich, aber die Tatsache schien ihm nicht in den Kopf gehen zu wollen. Er wußte, daß es Wirklichkeit war, aber das half ihm auch nicht weiter, und die Realität der ganzen Situation verschwamm zusehends, je mehr er darüber nachdachte, weil er einfach nicht glauben konnte, daß es sich tatsächlich ereignet hatte. Wie war es nur dazu gekommen? Er konnte sich kaum daran erinnern, daß er in Mr. Ralstons Büro gewesen war. Er überlegte und überlegte, und das steigerte seine Verwirrung nur noch mehr.

Und was die ganze Angelegenheit noch verwirrender machte, war die Tatsache, daß er wußte, daß dies sein Leben ändern würde. Und zwar in jeder Hinsicht. Ein Haus in Connecticut mit Bäumen und einem Garten. Ein Sommerhaus in Marthas Vineyard. Autos. Ein Boot. Mann ... vielleicht eine Vierzig-Fuß-Schlup, und dann würde er vorm Wind segeln und die Gischt und den Wind auf seinem Gesicht spüren ...

Aber er würde jetzt in der Firmenleitung arbeiten ...

Der Gedanke war furchteinflößend. Wie sollte er auf dieser Ebene agieren? Wie sollte er auch nur einen Vortrag vor dem Aufsichtsrat halten (der Gedanke allein ließ ihn an Leib und Seele zittern), Geschäftsberichte abliefern ... ihnen Ratschläge über potentielle Abnehmer geben ... O Gott, das stimmt. Ich müßte weiter Geschäfte wie dies hier abschließen. Ich müßte meine Position behaupten! Wie soll ich das nur schaffen? Das hier war ein Glückstreffer. So was krieg ich nicht noch mal hin ... Herrgott, der Aufsichtsrat wird sich damit nicht lange zufrieden geben, die wollen, daß man so was wieder hinkriegt und wieder und wieder ...

O Gott, ich schaffe das nicht. Ich könnte den Druck nie im Leben aushalten – er blickte auf den Haufen zerbröselter Glückskekse in seinem Papierkorb – ich weiß gar nicht, wie ich das anstellen sollte. Vertreter zu sein ist eine Sache, aber Firmenleitung ... die Verantwortung ...

und dann hätte er das Haus in Connecticut am Hals und das Sommerhaus in Marthas Vineyard, und das Boot und die Autos ... O Gott ... nein ... nein.

war eiskalt, und er zitterte, geschüttelt von panischen Anfäl-
len, die ihn einzuschnüren schienen, bis er kaum noch atmen
konnte … Er zappelte wie ein Fisch auf dem Trockenen, sog
seine Lungen voll Luft, beugte sich vor, stützte seine Ellbogen
auf den Schreibtisch und hielt sich den Kopf und versank tiefer
und tiefer in seiner Verzweiflung …

Dann bemerkte er
etwas in der Zeitung auf seinem Schreibtisch. Zunächst war es
nur eine verschwommene Wahrnehmung, aber irgend etwas
zwang ihn, seine Aufmerksamkeit darauf zu richten, und er
konnte den Blick nicht davon abwenden. Er zwinkerte, bis er
wieder klarsehen konnte, und bemerkte, daß er auf das Tages-
horoskop starrte, sein Horoskop für heute: Heute ist der Tag,
an dem Sie sich behaupten sollten. Ihnen stehen großartige
Möglichkeiten offen, wenn Sie den Stier bei den Hörnern pak-
ken. Lassen Sie sich nicht mit einem Nein abspeisen. Er las es
durch … dann noch mal … zunächst registrierte er nur die
Worte und dann ihre Bedeutung, sein Körper richtete sich immer mehr auf, je öfter er es durchlas, seine Gesichtszüge entspannten sich zu einem Lächeln …

dann knallte er mit der Hand auf die Zeitung und sprang auf
die Füße. Natürlich! Das isses! Ich habs gewußt! Ich habs ganz
genau gewußt! Ich wußte, daß heute mein Glückstag ist!!! Gott
sei Dank bin ich nicht abergläubisch, sonst hätte ich mir von
diesen verdammten Keksen noch mein Leben ruinieren lassen.
Jetzt weiß ich, was ich zu tun habe – er tippte auf die Zeitung –,
da wars die ganze Zeit. Haha, jetzt kann mich nichts mehr
aufhalten! Er schnappte sich den unterschriebenen Vertrag,
der auf seinem Schreibtisch lag, und ging zum Verwaltungs-
flügel, um den Präsidenten höchstpersönlich darüber zu infor-
mieren, daß er das Geschäft über die Bühne gebracht hatte.
Außerdem könnte er ja auch so langsam mal anfangen, sich mit
seiner neuen Nachbarschaft vertraut zu machen!!!

ÄSOPISCHE FABEL
Der endlich glückliche Fischer

Ein Fischer hatte schon eine lange Weile gefischt und nicht das Geringste gefangen. Er ward endlich der vergebnen Arbeit überdrüssig und wollte eben seine Netze wieder einziehen und fortfahren, als ein großer Fisch von selbst in das Boot sprang und seiner Tagearbeit ein sehr glückliches Ende machte.

LEHRE: Geduld und Unverdrossenheit in unserm Gewerbe und unsern Pflichten werden endlich ganz gewiß, auf eine oder die andre Weise, mit einem glücklichen Ausgange gekrönt.

BETRACHTUNG: Was wir gemeiniglich gutes Glück nennen, ist eigentlich Vorsehung. Und wenn unsre Unternehmungen durch einen Zufall besser ausschlagen, als wir sie mit aller unsrer Geschicklichkeit hätten ausführen können, so müssen wir es als einen besondern Segen ansehen, den die göttliche Güte auf unsern Fleiß gelegt hat. Es ist jedes Menschen Pflicht, in seinem Berufe unablässig fortzufahren und sich durch keine widrigen Zufälle, die er unmöglich vorhersehen konnte, abschrecken zu lassen. Glaube, Hoffnung und Geduld überwinden alles, und der Tugend wird es am Ende niemals an Belohnung fehlen.

GEBRÜDER GRIMM
Hans im Glück

Hans hatte sieben Jahre bei seinem Herrn gedient, da sprach er zu ihm ›Herr, meine Zeit ist herum, nun wollte ich gerne wieder heim zu meiner Mutter, gebt mir meinen Lohn‹. Der Herr antwortete ›du hast mir treu und ehrlich gedient, wie der Dienst war, so soll der Lohn sein‹, und gab ihm ein Stück Gold, das so groß als Hansens Kopf war. Hans zog ein Tüchlein aus der Tasche, wickelte den Klumpen hinein, setzte ihn auf die

Schulter und machte sich auf den Weg nach Haus. Wie er so dahinging und immer ein Bein vor das andere setzte, kam ihm ein Reiter in die Augen, der frisch und fröhlich auf einem muntern Pferd vorbeitrabte. ›Ach‹, sprach Hans ganz laut, ›was ist das Reiten ein schönes Ding! da sitzt einer wie auf einem Stuhl, stößt sich an keinen Stein, spart die Schuh, und kommt fort, er weiß nicht wie.‹ Der Reiter, der das gehört hatte, hielt an und rief ›ei, Hans, warum laufst du auch zu Fuß?‹ ›Ich muß ja wohl‹, antwortete er, ›da habe ich einen Klumpen heim zu tragen: es ist zwar Gold, aber ich kann den Kopf dabei nicht gerad halten, auch drückt mirs auf die Schulter.‹ ›Weißt du was‹, sagte der Reiter, ›wir wollen tauschen: ich gebe dir mein Pferd, und du gibst mir deinen Klumpen.‹ ›Von Herzen gern‹, sprach Hans, ›aber ich sage Euch, Ihr müßt Euch damit schleppen.‹ Der Reiter stieg ab, nahm das Gold und half dem Hans hinauf, gab ihm die Zügel fest in die Hände und sprach ›wenns nun recht geschwind soll gehen, so mußt du mit der Zunge schnalzen und hopp hopp rufen‹.

Hans war seelenfroh, als er auf dem Pferde saß und so frank und frei dahinritt. Über ein Weilchen fiels ihm ein, es sollte noch schneller gehen, und fing an mit der Zunge zu schnalzen und hopp hopp zu rufen. Das Pferd setzte sich in starken Trab, und ehe sichs Hans versah, war er abgeworfen und lag in einem Graben, der die Äcker von der Landstraße trennte. Das Pferd wäre auch durchgegangen, wenn es nicht ein Bauer aufgehalten hätte, der des Weges kam und eine Kuh vor sich hertrieb. Hans suchte seine Glieder zusammen und machte sich wieder auf die Beine. Er war aber verdrießlich und sprach zu dem Bauer ›es ist ein schlechter Spaß, das Reiten, zumal, wenn man auf so eine Mähre gerät, wie diese, die stößt und einen herabwirft, daß man den Hals brechen kann; ich setze mich nun und nimmermehr wieder auf. Da lob ich mir Eure Kuh, da kann einer mit Gemächlichkeit hinterhergehen, und hat obendrein seine Milch, Butter und Käse jeden Tag gewiß. Was gäb ich darum, wenn ich so eine Kuh hätte!‹ ›Nun‹, sprach der Bauer, ›geschieht Euch so ein großer Gefallen, so will ich Euch wohl die Kuh für das Pferd vertauschen.‹ Hans willigte mit tausend Freuden ein: der Bauer schwang sich aufs Pferd und ritt eilig davon.

Hans trieb seine Kuh ruhig vor sich her und bedachte den glücklichen Handel. ›Hab ich nur ein Stück Brot, und daran wird mirs noch nicht fehlen, so kann ich, sooft mirs beliebt, Butter und Käse dazu essen; hab ich Durst, so melk ich meine Kuh und trinke Milch. Herz, was verlangst du mehr?‹ Als er zu einem Wirtshaus kam, machte er halt, aß in der großen Freude alles, was er bei sich hatte, sein Mittags- und Abendbrot, rein auf, und ließ sich für seine letzten paar Heller ein halbes Glas Bier einschenken. Dann trieb er seine Kuh weiter, immer nach dem Dorfe seiner Mutter zu. Die Hitze ward drückender, je näher der Mittag kam, und Hans befand sich in einer Heide, die wohl noch eine Stunde dauerte. Da ward es ihm ganz heiß, so daß ihm vor Durst die Zunge am Gaumen klebte. ›Dem Ding ist zu helfen‹, dachte Hans, ›jetzt will ich meine Kuh melken und mich an der Milch laben.‹ Er band sie an ein dürren Baum, und da er keinen Eimer hatte, so stellte er seine Ledermütze unter, aber wie er sich auch bemühte, es kam kein Tropfen Milch zum Vorschein. Und weil er sich ungeschickt dabei anstellte, so gab ihm das ungeduldige Tier endlich mit einem der Hinterfüße einen solchen Schlag vor den Kopf, daß er zu Boden taumelte und eine Zeitlang sich gar nicht besinnen konnte, wo er war. Glücklicherweise kam gerade ein Metzger des Weges, der auf einem Schubkarren ein junges Schwein liegen hatte. ›Was sind das für Streiche!‹ rief er und half dem guten Hans auf. Hans erzählte, was vorgefallen war. Der Metzger reichte ihm seine Flasche und sprach ›da trinkt einmal und erholt Euch. Die Kuh will wohl keine Milch geben, das ist ein altes Tier, das höchstens noch zum Ziehen taugt oder zum Schlachten.‹ ›Ei, ei‹, sprach Hans und strich sich die Haare über den Kopf, ›wer hätte das gedacht! es ist freilich gut, wenn man so ein Tier ins Haus abschlachten kann, was gibts für Fleisch! aber ich mache mir aus dem Kuhfleisch nicht viel, es ist mir nicht saftig genug. Ja, wer so ein junges Schwein hätte! das schmeckt anders, dabei noch die Würste.‹ ›Hört, Hans‹, sprach da der Metzger, ›Euch zuliebe will ich tauschen und will Euch das Schwein für die Kuh lassen.‹ ›Gott lohn Euch Eure Freundschaft‹, sprach Hans, übergab ihm die Kuh, ließ sich das Schweinchen vom Karren losmachen und den Strick, woran es gebunden war, in die Hand geben.

Hans zog weiter und überdachte, wie ihm doch alles nach Wunsch ginge, begegnete ihm ja eine Verdrießlichkeit, so würde sie doch gleich wieder gutgemacht. Es gesellte sich danach ein Bursch zu ihm, der trug eine schöne weiße Gans unter dem Arm. Sie boten einander die Zeit, und Hans fing an, von seinem Glück zu erzählen, und wie er immer so vorteilhaft getauscht hätte. Der Bursch erzählte ihm, daß er die Gans zu einem Kindtaufschmaus brächte. ›Hebt einmal‹, fuhr er fort und packte sie bei den Flügeln, ›wie schwer sie ist, die ist aber auch acht Wochen lang genudelt worden. Wer in den Braten beißt, muß sich das Fett von beiden Seiten abwischen.‹ ›Ja‹, sprach Hans, und wog sie mit der einen Hand, ›die hat Gewicht, aber mein Schwein ist auch keine Sau.‹ Indessen sah sich der Bursch nach allen Seiten ganz bedenklich um, schüttelte auch wohl mit dem Kopf. ›Hört‹, fing er darauf an, ›mit Eurem Schweine mags nicht ganz richtig sein. In dem Dorfe, durch das ich gekommen bin, ist eben dem Schulzen eins aus dem Stall gestohlen worden. Ich fürchte, ich fürchte, Ihr habts da in der Hand. Sie haben Leute ausgeschickt, und es wäre ein schlimmer Handel, wenn sie Euch mit dem Schwein erwischten: das Geringste ist, daß Ihr ins finstere Loch gesteckt werdet.‹ Dem guten Hans ward bang, ›ach Gott‹, sprach er, ›helft mir aus der Not, Ihr wißt hier herum bessern Bescheid, nehmt mein Schwein da und laßt mir Eure Gans.‹ ›Ich muß schon etwas

aufs Spiel setzen‹, antwortete der Bursche, ›aber ich will doch
nicht schuld sein, daß Ihr ins Unglück geratet.‹ Er nahm also
das Seil in die Hand und trieb das Schwein schnell auf einen
Seitenweg fort: der gute Hans aber ging, seiner Sorgen entle-
digt, mit der Gans unter dem Arme der Heimat zu. ›Wenn ichs
recht überlege‹, sprach er mit sich selbst, ›habe ich noch Vorteil
bei dem Tausch: erstlich den guten Braten, hernach die Menge
von Fett, die heausträufeln wird, das gibt Gänsefettbrot auf
ein Vierteljahr, und endlich die schönen weißen Federn, die laß
ich mir in mein Kopfkissen stopfen, und darauf will ich wohl
ungewiegt einschlafen. Was wird meine Mutter eine Freude
haben!‹

Als er durch das letzte Dorf gekommen war, stand da ein
Scherenschleifer mit seinem Karren, sein Rad schnurrte, und er
sang dazu.

> ›ich schleife die Schere und drehe geschwind,
> und hänge mein Mäntelchen nach dem Wind.‹

Hans blieb stehen und sah ihm zu; endlich redete er ihn an und
sprach ›Euch gehts wohl, weil Ihr so lustig bei Eurem Schleifen
seid.‹ ›Ja‹, antwortete der Scherenschleifer, ›das Handwerk hat
einen güldenen Boden. Ein rechter Schleifer ist ein Mann, der,
sooft er in die Tasche greift, auch Geld darin findet. Aber wo
habt Ihr die schöne Gans gekauft?‹ ›Die hab ich nicht gekauft,
sondern für mein Schwein eingetauscht.‹ ›Und das Schwein?‹
›Das hab ich für eine Kuh gekriegt.‹ ›Und die Kuh?‹ ›Die hab ich
für ein Pferd bekommen.‹ ›Und das Pferd?‹ ›Dafür hab ich einen Klumpen Gold, so groß als mein Kopf, gegeben.‹ ›Und das
Gold?‹ ›Ei, das war mein Lohn für sieben Jahre Dienst.‹ ›Ihr
habt Euch jederzeit zu helfen gewußt‹, sprach der Schleifer,
›könnt Ihrs nun dahin bringen, daß Ihr das Geld in der Tasche
springen hört, wenn Ihr aufsteht, so habt Ihr Euer Glück gemacht.‹ ›Wie soll ich das anfangen?‹ sprach Hans. ›Ihr müßt ein

Schleifer werden wie ich; dazu gehört eigentlich nichts als ein Wetzstein, das andere findet sich schon von selbst. Da hab ich einen, der ist zwar ein wenig schadhaft, dafür sollt Ihr mir aber auch weiter nichts als Eure Gans geben; wollt Ihr das?‹ ›Wie könnt Ihr noch fragen‹, antwortete Hans, ›ich werde ja zum glücklichsten Menschen auf Erden; habe ich Geld, sooft ich in die Tasche greife, was brauche ich da länger zu sorgen?‹ reichte ihm die Gans hin, und nahm den Wetzstein in Empfang. ›Nun‹, sprach der Schleifer und hob einen gewöhnlichen schweren Feldstein, der neben ihm lag, auf, ›da habt Ihr noch einen tüchtigen Stein dazu, auf dem sichs gut schlagen läßt und Ihr Eure alten Nägel gerade klopfen könnt. Nehmt ihn und hebt ihn ordentlich auf.‹

Hans lud den Stein auf und ging mit vergnügtem Herzen weiter; seine Augen leuchteten vor Freude, ›ich muß in einer Glückshaut geboren sein‹, rief er aus, ›alles, was ich wünsche, trifft mir ein, wie einem Sonntagskind‹. Indessen, weil er seit Tagesanbruch auf den Beinen gewesen war, begann er müde zu werden; auch plagte ihn der Hunger, da er allen Vorrat auf einmal in der Freude über die erhandelte Kuh aufgezehrt hatte. Er konnte endlich nur mit Mühe weitergehen und mußte jeden Augenblick halt machen; dabei drückten ihn die Steine ganz erbärmlich. Da konnte er sich des Gedankens nicht erwehren, wie gut es wäre, wenn er sie gerade jetzt nicht zu tragen brauchte. Wie eine Schnecke kam er zu einem Feldbrunnen geschlichen, wollte da ruhen und sich mit einem frischen Trunk laben: damit er aber die Steine im Niedersitzen nicht beschädigte, legte er sie bedächtig neben sich auf den Rand des Brunnens. Darauf setzte er sich nieder und wollte sich zum Trinken bücken, da versah ers, stieß ein klein wenig an, und beide Steine plumpten hinab. Hans, als er sie mit seinen Augen in die Tiefe hatte versinken sehen, sprang vor Freuden auf, kniete dann nieder und dankte Gott mit Tränen in den Augen, daß er ihm auch diese Gnade noch erwiesen und ihn auf eine so gute Art, und ohne daß er sich einen Vorwurf zu machen brauchte, von den schweren Steinen befreit hätte, die ihm allein noch hinderlich gewesen wären. ›So glücklich wie ich‹, rief er aus, ›gibt es keinen Menschen unter der Sonne.‹ Mit leichtem Herzen und frei von aller Last sprang er nun fort, bis er daheim bei seiner Mutter war.

BERNARD MALAMUD
Briefchen von einer Dame bei einer Dinnerparty

Max Adler, der im November auf der Durchreise in der Stadt war, hatte seinen alten Architekturprofessor Clem Harris angerufen und war sofort herzlich für den Abend zum Essen in Harris' Haus in Hempstead eingeladen worden, um dort dessen junge Frau Karla und ein paar gute Freunde kennenzulernen.

Sie sprach davon, wie sehr ihr Mann Adler schätze. »Er sagt über Sie etwas, das er nicht oft bei ehemaligen Schülern sagt – daß Sie Ihren Erfolg verdienen. Haben Sie nicht schon zwei Jahre nach Beendigung des Studiums eine staatliche Architekturmedaille gewonnen?«

»Keine Medaille«, erklärte Adler geschmeichelt, »es war eine Ehrenurkunde für ein Haus, das ich entworfen hatte.«

Adler war zur Zeit der Dinnerparty ein schwerer Mann mit lockerem Fleisch, der sich mit konservativer Saloppheit kleidete und fast zwei Zentner wog.

»Das meinte ich auch.« Sie lachte verlegen, und er stellte sich vor, daß sie oft verlegen lachte. Sie war von kräftigem Körperbau, auf eine elegante Weise unhübsch und trug ihr braunes Haar zurückgekämmt und in einen Knoten gedreht. Sie mochte fünf- oder sechsundzwanzig sein. Sie trug ein kurzes grünes Kleid und Sandalen, und ihre kräftigen Beine und Schenkel waren wohlgeformt. Als sie ihn danach fragte, sagte

Adler, er sei zweiunddreißig, und Karla bemerkte, dies sei ein gutes Alter für einen Mann. Er wußte, daß ihr Mann doppelt so alt war. Sie sprach direkt und witzig mit einer gewissen Gespanntheit im Ausdruck, und sie gestand ihm fast sofort, daß Freundschaft ihr viel bedeute.

Während des Essens ließ Karla Adler wissen, daß sich in seiner Tasche ein Briefchen befinde. Sie saßen zu sechs bei Tisch in dem großen, holzgetäfelten Speisezimmer, in dessen Erkerfenster sich ein Kiesbeet mit Chrysanthemen und Begonien befand. Außer den Gastgebern war noch ein Paar in mittleren Jahren zugegen, die Ralph Lewins – er war ein Kollege von Harris an der Architekturfakultät der Columbia-Universität, dazu war, vielleicht als Partnerin für Adler, die Sekretärin von Harris eingeladen worden, Shirley Fisher, eine geschiedene Frau mit dünnen Gelenken und feuchten Augen, im langen, leuchtendblauen Rock, die ausgiebig redete und trank. Harris, der freigebig Wein aus einer Flasche, die in einem Körbchen lag, nachgoß, saß am Kopfende des breiten, schönen Tisches, Karla gegenüber, die aufpaßte, daß alles so verlief, wie es sollte. Von Zeit zu Zeit lächelte ihr Mann ihr ermutigend zu.

Adler saß rechts von ihr, ihm gegenüber Lewin, zu Adlers Rechten saß Mrs. Lewin, eine kleine Person, die ihm mit strahlendem Gesicht zuhörte. Als Harris Schildkrötensuppe aus einer hübschen Terrine in Schüsselchen füllte und die Unterhaltung lebhaft wurde, beugte Karla sich unmerklich zu Adler und flüsterte: »Wenn Sie Überraschungen lieben, so greifen Sie in Ihre linke Tasche, falls das möglich ist.« Als sie dann das Zimmer verließ, um die Brötchen zu holen, die beinahe verbrannt wären, griff er unauffällig, obgleich er sich nicht sicher war, ob es der richtige Augenblick war, in die Tasche seines Rocks und fühlte darin ein zusammengefaltetes Papierchen, das er eine Minute später geglättet in der Handfläche hielt und las.

Adler war sich bewußt, daß es ihm nichts ausmachen würde, wenn jemand am Tisch bemerkte, daß er einen Augenblick den

Kopf gesenkt hielt, vielleicht um ein stilles Tischgebet zu sprechen oder einen Blick auf die Armbanduhr zu werfen, weil er einen frühen Zug zurück in die Stadt erwischen wollte. Er las höflich die Botschaft der Dame, zu der er keinen Anlaß gegeben hatte. Auf dem Stückchen gelben, liniierten Papier stand mit kleinen Druckbuchstaben lediglich: »Warum glauben wir alle, wir *müßten* glücklich sein, daß dies eine *notwendige* Lebensbedingung ist?«, und Adler, der solche Fragen ernst nahm, war einen Augenblick ratlos, was er darauf antworten sollte.

Sie hätte ihm ihre Frage ohne Schwierigkeiten stellen können, als sie auf der verglasten Terrasse ihre Cocktails tranken, und er hätte sich Mühe gegeben, ihr zu antworten; aber sie war wohl zu sehr mit dem Essen beschäftigt gewesen, war immer wieder in die Küche gelaufen, hatte sich auch um das Mädchen kümmern müssen, das die Kinder zu Bett brachte, war wirklich zu beschäftigt gewesen, um mit einem ihrer Gäste ein Gespräch zu führen. Doch Adler fand, daß er, da sie ihre Frage nicht mündlich gestellt hatte, die Tatsache respektieren müsse, daß sie es für notwendig gefunden hatte, sie auf Papier niederzuschreiben und in seine Tasche zu stecken. Wenn sie das Bedürfnis hatte, sich auf diese Weise mitzuteilen, so mußte auch er mit einem Briefchen antworten. Er warf einen Blick auf ihren Mann, der, seit er ihn zuletzt gesehen hatte, gealtert, aber immer noch kraftvoll war. Er hörte sich gerade aufmerksam an, was Shirley zu sagen hatte. Adler entschuldigte sich – er müsse seine Brille holen – und kritzelte draußen etwas auf einen Notizblock, und, obwohl er sich nicht ganz wohl bei dem Schwindel fühlte, schob ihr heimlich das Papierchen zu, als er zurückkehrte. Er streifte dabei unbeabsichtigt ihren warmen, bloßen Schenkel, fühlte dann, wie die schmalen Finger, die er berührte, sich um den Zettel schlossen.

Er war versucht gewesen zu sagen, daß er sich ums Glücklichsein nicht mehr schere – entweder war man glücklich oder war es nicht, und warum sich den Schädel einrennen, wo es doch Arbeit zu tun gab? Aber er hatte es nicht gesagt. Er hatte schnell hingeschrieben: »Warum nicht? – Das Leben ist kurz und hart, man muß es überlisten.«

Karla warf einen Blick auf das Papier in ihrer Hand, in der anderen die Gabel mit einem Bissen Filet de Sole. Offensichtlich war sie nicht enttäuscht, sie war errötet, aber ihr Ausdruck war neutral, ein wenig abwesend. Sie verschwand mit einer leeren Salatschüssel in die Küche, und als sie wieder am Tisch saß, schob sie Adler einen neuen Zettel hin: »Ich möchte, daß Sie meine Kinder sehen.« Adler nickte feierlich, während er den Zettel in die Tasche steckte. Sie lächelte ihren Mann unbestimmt an, der wieder einmal aufgestanden war, um die Weingläser nachzufüllen, und sie liebevoll ansah. Die anderen aßen wortlos und gaben offenbar nicht acht. Karla erwiderte das Lächeln ihres Mannes wie ein Spiegelbild, während Adler darüber nachdachte, warum sie ihn wohl in dieses seltsame Spiel verstrickte. Er fühlte, daß zwischen ihnen eine Beziehung entstanden war, die er nicht hatte vorausahnen können, als er an diesem Abend das Haus betrat. Als Harris hinter ihn trat und Wein in sein Glas goß, ließ er seine Hand zärtlich auf die Schulter seines ehemaligen Schülers fallen, aber Max, der sehr gerührt gewesen war, als er seinen alten Professor nach so vielen Jahren wiedersah, fühlte, wie er sich gegen diese Berührung wehrte.

Das Gespräch, das sie nachher bei einem Brandy im Wohnzimmer führten, genoß er. Es war ein großer Raum, acht mal zehn Meter, schätzte Adler, geschmackvoll und behaglich möbliert, tapeziert, dekoriert, mit einer Glaskugel voll goldener Chrysanthemen und Astern auf dem Kaminsims und ein paar leuchtenden modernen Gemälden an der Wand. Karla war in der Küche und zeigte der Aushilfe, wie man die Spülmaschine füllt und betätigt, und Adler spürte, wie Erwartung an ihm zerrte, obgleich er nicht sicher war, was er erwartete. Er versuchte, das Gefühl zu unterdrücken, und bis zu einem gewissen

Grad gelang es ihm. Trotzdem, als Clem Harris ihm einen Kognak eingoß, tastete er heimlich in seine Tasche, aber es waren nur die beiden Zettel darin.

Der Professor, ein kräftiger, großer Mann mit einem kurzgeschnittenen, leicht rötlichen, ergrauenden Bart und dichten, grauen Koteletten, der ein grünes Jackett mit einem orangefarbenen Hemd und einer weißen Fliege trug, lobte Adlers jüngste Arbeit überschwenglich – der Architekt hatte ihm einige Dias davon zugeschickt, und Max gab noch einmal seiner Dankbarkeit Ausdruck für das Interesse, das Harris ihm noch immer entgegenbrachte. Er war immer ein freundlicher Mensch gewesen und ein Lehrer, der großen Einfluß auf seine Schüler ausübte.

»Womit sind Sie im Augenblick beschäftigt?« fragte Harris. Nach zwei Brandys war er zu Scotch mit Soda zurückgekehrt. Sein großes Gesicht war gerötet, und er wischte sich die tränenden Augen mit einem frischgebügelten Taschentuch. Adler hatte bemerkt, wie oft er zur Eßzimmertür hinblickte, wie er darauf wartete, daß seine Frau wieder erschien.

»Am selben Projekt, das Sie auf den Diapositiven sahen«, sagte Adler. »Und wie ist es mit Ihnen?«

»Ich renoviere einige Häuserblocks in den Slums für eine gemeinnützige Wohnungsbaugesellschaft. Es steckt wenig Geld drin. Es ist mehr oder weniger ehrenamtlich.«

»So etwas sollte ich auch mehr machen.«

Harris betrachtete Adler einen Augenblick lang, dann fragte er: »Haben Sie nicht noch zugenommen, Max?«

»Ich esse zuviel«, gestand Adler.

»Sie sollten auf Ihr Gewicht achten. Rauchen Sie immer noch wie ein Schornstein?«

»Nein, nicht mehr.«

»Prima. Ich wünschte, ich könnte Karla dazu kriegen, daß sie sich einschränkt.«

Als seine Frau wiederauftauchte, hatte sie sich das Haar gebürstet. Das grüne Kleid von vorher hatte sie gegen ein kurzes, erdbeerfarbenes gehäkeltes Minikleid vertauscht. Der weiße Büstenhalter und ein weißes Röckchen waren durch das Gewebe zu sehen. Der warme Farbton des Kleides ließ ihr Gesicht blühend erscheinen. Sie war eine anziehende Frau.

»Ah, du hast dich umgezogen«, sagte ihr Mann.

»Ich habe mir mindestens einen halben Liter Soße auf das andere gekippt«, erklärte Karla mit einem verlegenen Lachen.

»Ich dachte, du würdest dieses Kleid nicht besonders mögen.«

»Wann soll ich das gesagt haben?« fragte sie. »Ich mag es. Ich mag es sogar sehr. Das lilarote mag ich nicht – die Farbe ist so verdammt hart.«

Harris hob sein Glas an den Mund und nickte gutmütig. Er dachte an etwas anderes. »Ich wünschte, du besorgtest dir mehr Hilfe, wenn du sie brauchst.«

»Was für Hilfe?« fragte Karla.

»In der Küche natürlich.« Sein Ton war herzlich besorgt.

»Stephanie räumt auf – damit ist die schmutzige Arbeit getan.«

»Es war eine wundervolle Mahlzeit«, sagte Max.

Sie dankte ihm.

»Du solltest ein Mädchen zum Helfen haben, wenn wir Essen geben«, beharrte Harris. »Manchmal kriegen unsere Gäste dich kaum zu sehen. Ich wünschte, du wärest bei gelegentlichen Extravaganzen nicht so puritanisch. Ich hasse es, wenn du so müde bist, daß du von deinen eigenen Partys nichts hast.«

»Ich genieße diese aber.«

Max nickte.

»Du weißt, was ich meine«, sagte Harris.

»Clem, ich habe bei kleinen Essen nicht gern eine Küchenhilfe herumlaufen.«

Sie erzählte Adler, daß Stephanie auch eine Studentin von Harris war.

»Unser aller Vater«, sagte sie lachend.

»Stephanie braucht das Geld«, sagte Harris.

Karla fragte Adler, ob ihm ihr Häkelkleid gefiele.

Er sagte, ja, es gefiele ihm.

»Ist es nicht zu kurz?«

»Nein«, sagte Max.

»Das habe ich nicht gemeint«, sagte Harris.

Das Telefon klingelte, und als er an den Apparat ging, war es einer seiner Doktoranden. Harris winkte Karla gutgelaunt mit den Fingern zu, während er geduldig mit dem Doktoranden verhandelte.

Adler und Karla saßen beieinander auf einem kleinen Sofa, dem blumenüberladenen Kamin gegenüber, als sie ihm zuflüsterte, zwischen den Kissen liege ein Briefchen. Während sie sprachen, zog er es hervor und steckte es in die Tasche.

»Ich werde es später lesen.«

Aber sie hatte das Sofa schon verlassen, als wolle sie ihm Gelegenheit geben, zu lesen, was sie ihm geschrieben hatte. Karla ließ sich neben Ada Lewin auf die lange, beigefarbene Polsterbank an der linken Wand fallen, während Ralph Lewin zuhörte, was Clem am Telefon sagte, und dabei seinen Brandy nippte. Dann kam Shirley Fisher herbeigeschlendert, um sich mit dem Gast zu unterhalten. Sie trug eine weitausgeschnittene, lose weiße Bluse, einen geschlitzten Midirock und flirtete ganz offen. Als sie die Beine übereinanderschlug, wurde ein langer magerer Schenkel sichtbar.

»Ältere Frauen interessieren Sie wohl nicht, Mr. Adler?« Ihre Stimme klang ein wenig belegt.

»Ich würde Sie nicht als älter bezeichnen.«

Shirley sagte, sie sei erfreut, aber in diesem Augenblick kam Karla zurück. Harris sprach immer noch geduldig ins Telefon. Adler fand, daß die Farben seiner Kleidung mit den Gemälden an den Wänden harmonierten. Als Max noch bei ihm studierte, hatte Harris graue Anzüge und weiße Hemden getragen.

»Kannst du ihn für fünf Minuten entbehren, Shirley?« fragte Karla. »Ich möchte Mr. Adler meine Kleinen zeigen.«

»Nennen Sie mich Max«, sagte Adler.

»Schlafen sie denn nicht schon?«

»Ich möchte trotzdem, daß er sie sieht – das heißt, wenn er will.«

Max sagte, er wolle.

Es war ihm gelungen, einen Blick auf ihr Briefchen zu werfen: »Kriegen Sie keinen Schrecken, aber ich mag Sie enorm.«

»Amüsiert euch«, sagte Shirley und goß sich einen Brandy ein.

»Das werden wir«, sagte Karla.

Während sie die Treppe hinaufstiegen, sagte Adler: »Ich möchte die Kinder nicht aufwecken.«

»Sie werden weiterschlafen.«

Sie machte die Tür auf und knipste das Licht an. In dem großen Kinderzimmer mit drei verhangenen Fenstern schliefen zwei Kinder in Gitterbettchen. Zuerst dachte Adler, es wären Zwillinge, aber das waren sie nicht. In dem weißen Gitterbettchen lag ein kleines Mädchen mit hellblonden Locken, in dem orangefarbenen Bettchen ein kleiner Junge. In einer Ecke stand ein kreisförmiges Laufställchen aus Segeltuch, in dem Puppen und hölzernes Spielzeug herumlagen. Eine Reihe von gerahmten Aquarellen, auf denen kleine Tiere dargestellt waren, hing an der Wand; Karla sagte, sie habe sie gemalt.

»Ich habe früher so schöne Aquarelle gemacht.«

Adler sagte, diese wären entzückend.

»Ich meine nicht diese, sondern Landschaften. Ich habe jetzt einfach keine Zeit mehr zum Malen.«

»Ich weiß, was Sie meinen.«

»Das tun Sie bestimmt nicht«, sagte sie.

»Dies ist Sara«, sagte Karla, die neben dem weißen Bettchen stand. »Sie ist zwei. Stevie ist erst elf Monate. Sehen Sie sich seine Schultern an. Clem fand, wir sollten sie dicht hintereinander haben, damit sie miteinander spielen können. Seine erste Frau ist kinderlos gestorben.«

»Ich kannte sie«, sagte Adler.

Der Junge, im Unterhemdchen und einer Plastikwindelhose, lag auf der Seite und nuckelte im Schlaf an einem Zipfel seiner Decke. Er glich seinem Vater. Das kleine Mädchen lag in einem gelbgeblümten Nachthemd, eine Stoffpuppe im Arm, auf dem Rücken. Sie glich Karla.

»Was für reizende Kinder«, sagte Adler.

Karla stand neben dem Bett des kleinen Mädchens. »O meine Kleinen«, sagte sie, »meine lieben Kleinen. Sie erfüllen mein ganzes Herz.« Sie ließ das Gitter des Bettchens herunter, beugte sich vor und küßte Sara, die die Augen öffnete, ihre Mutter anstarrte und dann lächelnd weiterschlief.

Karla nahm die Puppe weg, und das Kind ließ sie mit einem Seufzer los. Dann deckte sie den kleinen Jungen mit seiner Decke zu.

»Sehr nette Kinder«, sagte Adler.

»Meine süßen Kleinen. Meine Kleinen, meine Kleinen.« Ihr Gesicht war zärtlich, traurig, beseelt.

»Hört sich das kitschig an?«

»Das würde ich nicht sagen.« Sie hatte Eindruck auf Max gemacht.

Sie zog die Jalousien herunter, löschte das Licht, schloß leise die Tür.

»Kommen Sie, ich zeige Ihnen mein Arbeitszimmer.«

Es war ein lavendelfarbener Raum mit hellen Vorhängen, einem Schreibtisch, einer tragbaren Nähmaschine und kreisförmig angeordneten Photographien an der Wand. Ihr Vater, der in Columbus, Ohio, Versicherungsagent gewesen war, war tot. Auf dem Bild stand er fünfzigjährig vor seinem Auto. Die

Mutter mit einem traurigen Gesicht war in ihrem Blumengarten aufgenommen worden. Ein Photo von Karla im College zeigte ein hübsches, nüchtern wirkendes Mädchen mit Nickelbrille, dunklen Augen und Brauen, festen vollen Lippen. Der Schreibtisch war vollgehäuft mit Büchern, Schallplatten, Einkaufslisten, Korrespondenz.

Sie wollte wissen, ob Adler Kinder habe.

»Nein.« Er sagte ihr, er sei nur kurz verheiratet gewesen und schon seit langem geschieden.

»Sie haben nie wieder geheiratet?«

»Nein.«

»Clem hat mich geheiratet, als ich noch sehr jung war«, sagte Karla.

»Haben nicht Sie ihn geheiratet?«

»Ich wollte sagen, daß ich kaum wußte, was ich tat.«

»Und was tat er?«

»Er heiratete mich, als ich noch sehr jung war.«

Sie zog die Jalousie hoch und starrte in die Nacht hinaus. Eine entfernte Straßenlaterne schimmerte durch das beschlagene Fenster. »Ich gebe Dinnerparties immer an regnerischen Abenden.«

Sie sagte, sie müßten zu den anderen hinuntergehen, öffnete dann aber eine Schranktür und holte das große Glanzphoto eines Einfamilienhausentwurfs heraus, das sie in der Architekturklasse bei Harris angefertigt hatte.

Max sagte, es zeige Begabung. Karla lächelte sauer.

»Wirklich«, sagte er.

»Ich liebe *Ihre* Arbeit«, sagte sie. »Ich liebe die Risiken, die Sie eingehen.«

»Wenn sie gut ausgehen.«

»Das tun sie, das tun sie.« Sie schien zu zittern.

Sie umarmten sich heftig. Sie drückte ihren Körper gegen seinen. Sie küßten sich mit feuchten Mündern, dann machte sie sich mit einem verlegenen Lachen los.

»Die werden sich wundern.«

»Er telefoniert immer noch«, sagte Max erregt.

»Es ist besser, wenn wir nach unten gehen.«

»Was ist Shirley für ihn?«

»Ein gieriges Biest.«

»Ich sagte für ihn.«

»Sie tut ihm leid. Ihr vierzehnjähriger Junge nimmt LSD. Alle tun ihm leid.«

Sie küßten sich noch einmal, dann löste sich Karla von ihm, und sie gingen nach unten.

Harris war nicht mehr am Telefon.

»Ich habe ihm unsere Kinder gezeigt«, sagte Karla zu ihrem Mann.

»Angeberin«, sagte Harris lächelnd.

»Es sind aber auch entzückende Kinder«, sagte Max.

Shirley zwinkerte ihm zu.

Ich habe das Recht auf seine Freundschaft verspielt, dachte der Architekt. Einen Augenblick später dachte er: die Dinge ändern sich, sie müssen sich ändern.

»Jetzt setz dich mal einen Augenblick hin«, sagte Harris zu Karla. »Schöpf mal Atem.«

»Ich muß zuerst noch Stephanie ihr Geld geben.«

Harris ging in sein Studierzimmer und kam mit einer Schachtel Dias zurück: sein Renovierungsprojekt eines Slumviertels für eine soziale Wohnungsbaugesellschaft, vorher und nachher.

Max, in Gedanken noch bei Karla, betrachtete die Dias, hielt sie einzeln gegen das Licht. Er sagte, es sei eine gute Arbeit.

Harris sagte, er sei dankbar für Maxens Anerkennung.

Karla bezahlte Stephanie in der Küche. Ralph Lewin, der eine Zigarre rauchte, betrachtete auch die Dias, obgleich er sagte, er habe sie selbst gemacht. Ada und Shirley saßen auf dem grünen Sofa auf der rechten Seite des Zimmers, und Ada hörte Shirley mit ernstem Gesicht zu, wie die von ihrem Sohn berichtete, der LSD nahm.

Karla kam mit einem silbernen Tablett voll hauchdünnen Kaffeetassen herein.

»Ich komme immer spät mit dem Kaffee«, sagte sie.

»Für mich bitte Tee«, sagte Ralph.

Sie sagte, sie werde den Tee gleich bringen.

Während sie die Kaffeetassen austeilte, schob sie Adler mit seiner Tasse einen Zettel zu.

Er las ihn im Badezimmer. »Tu so, als gingst du ins Badezimmer, geh aber hinten im Flur nach links, dann kommst du in die Küche.«

Er ging im Flur nach links und kam in die Küche.

Sie küßten sich leidenschaftlich.

»Wo können wir uns treffen?«

»Wann?« fragte Max.

»Vielleicht heute abend? Ich bin nicht sicher.«

»Gibt es in der Nähe ein Motel?«

»Zwei Blocks weiter.«

»Wenn du es möglich machen kannst, nehme ich dort ein Zimmer. Wenn nicht heute, könnte ich bis morgen mittag bleiben. Morgen abend muß ich in Boston sein.«

»Ich glaube, das kann ich. Clem und ich schlafen im Augenblick in getrennten Zimmern. Er schläft wie ein Toter. Ich gebe dir Bescheid, bevor du gehst.«

»Mach mir ein Zeichen«, sagte Max. »Schreib keine Zettel mehr.«

»Magst du die Zettel nicht?« fragte Karla.

»Doch, aber es ist riskant. Wenn er nun sieht, wie du mir einen zusteckst?«

»Das täte ihm vielleicht gut.«

»Damit will ich nichts zu tun haben«, sagte Max.

»Ich schreibe so gern Briefchen«, sagte Karla. »Ich schreibe gern an Leute, die ich mag. Ich schreibe gern Sachen, die mir

187

plötzlich einfallen. Als ich jung war, war mein Tagebuch voll aufregender Dinge.«

»Ich will nur sagen, es könnte gefährlich sein. Mach mir ein Zeichen, oder sag mir etwas, bevor ich gehe, und ich werde auf dich warten.«

»Ich habe mein Tagebuch im vergangenen Sommer verbrannt, aber ich mache immer noch Notizen. Ich habe immer Zettel an Leute geschrieben. Du mußt mich so nehmen wie ich bin.«

Er fragte sie, warum sie ihr Tagebuch verbrannt hätte.

»Ich mußte es. Es hat mir schwer zugesetzt.« Sie brach in Tränen aus.

Adler verließ die Küche und ging wieder ins Badezimmer. Er betätigte die Spülung, wusch sich die Hände und erschien wieder im Wohnzimmer. Im selben Augenblick brachte Karla mit ruhigem Gesicht Ralphs Tee herein.

Eine Weile sprachen sie quer durch den Raum über Politik. Dann wendete sich das Gespräch der Musik zu, und Harris legte eine neue Schallplatte von Mahlers »Lieder eines fahrenden Gesellen« auf. Trotz des Gesangs redete Shirley ernsthaft auf Ralph Lewin ein, der von Zeit zu Zeit ein Gähnen unterdrückte. Ada und Karla plauderten über das neue Haus der Lewins, das sie im Frühjahr bauen wollten, und Harris und Adler diskutierten auf der langen beigefarbenen Sitzbank Entwicklungen in der Architektur. »Ich könnte die Musik ebensogut abschalten«, sagte Harris. Nachdem er die Platte weggelegt hatte, kam er zurück und nahm die Unterhaltung wieder auf, indem er Adlers letzte Arbeit als seine kühnste charakterisierte.

»Das ist eine Eigenschaft, die Sie in mir geweckt haben.«

»Mit Maßen.«

Adler sagte, er freue sich über das Urteil seines Mentors. Zum erstenmal wußte er nicht, was er mit ihm reden sollte, und das bereitete ihm Unbehagen. Er war jetzt nicht mehr sicher, ob

er Karla drängen sollte, sich heute nacht aus dem Haus zu steh-
len. Auf der einen Seite fühlte er sich Harris gegenüber zu
Dankbarkeit und Loyalität verpflichtet; auf der anderen bildete er sich ein, in sie verliebt zu sein.

Es gelang ihnen, sich allein vor dem Kamin zu treffen, als sie
ihm zu seiner großen Überraschung zuflüsterte: »Es kommt
etwas auf dich zu.« Dabei berührte sie verstohlen seine Hand
mit einem zusammengefalteten Papier. Adler gelang es, sich
von der Gesellschaft abzuwenden und den Zettel zu lesen, bevor er ihn in seine Hosentasche schob.

Auf Karlas Zettel stand: »Kann man jemanden lieben, den
man nicht kennt?«

»Das tun wir die ganze Zeit.«

»Ich glaube, ich liebe dich zum Teil, weil ich deine Arbeiten
liebe.«

»Verwechsle mich nicht mit meiner Arbeit«, sagte Adler.
»Das wäre ein Fehler.«

»Es klappt heute nacht«, flüsterte sie.

Als sie so nebeneinander mit dem Rücken zum Kamin standen, langten sie nach hinten und drückten sich die Hand.

Karla warf über den Raum hinweg einen Blick auf ihren
Mann, entschuldigte sich dann: sie müsse nach oben gehen, um
nachzusehen, ob die Kinder zugedeckt seien. Nachdem sie gegangen war, suchte Adler nach einem Grund, ihr nach oben
zu folgen, aber dieser Wunsch war verrückt. Es war elf vorbei,
und er war unruhig vor Erwartung.

Als Karla aus dem Kinderzimmer nach unten kam, hörte er
sie zu ihrem Mann sagen: »Clem, ich bin ziemlich nervös.«

»Nimm eine Tablette«, riet Harris.

In diesem Augenblick überlegte Adler ernsthaft, ob er ihr
vorschlagen sollte, die Pläne für den Abend fallenzulassen.
Vielleicht wäre es besser, sie am Morgen vom Motel aus anzu-
rufen, wenn Harris weg war, und wenn sie dann immer noch
wollte, konnten sie sich dann treffen. Aber er bezweifelte, ob

sie am Morgen noch bereit wäre. Er entschloß sich daher, sie zum Kommen zu drängen, sobald sie sicher sein konnte, daß ihr Mann schlief.

Sie braucht zur Abwechslung einen jungen Mann, dachte er. Es wird ihr guttun.

Max wollte ihr sagen, daß ihre Unruhe vergehen würde, sobald sie beieinander im Bett lagen, und setzte sich neben sie auf das grüne Sofa, wo sie zerstreut Shirley zuhörte, die gerade sagte, die Drogensituation bringe sie zur Verzweiflung. Er wartete ungeduldig darauf, daß eine der beiden Frauen aufstand, damit er Karla sagen konnte, was er zu sagen hatte. Harris, im Gespräch mit Ada, stand in der Nähe und schien Shirley zuzuhören. Karla tat so, als habe sie Adler an ihrer Seite nicht bemerkt, aber kurz darauf spürte er, wie ihre Hand nach seiner Tasche tastete. Unwillkürlich rückte er weg.

Adler hatte genau in diesem Augenblick das Gefühl, eine Flamme müßte aus seiner Tasche schlagen. Sie wird ewig diese Zettel schreiben, dachte er, es ist ihre Natur. Wenn nicht mir, dann jemand anderem, der in dieses Haus kommt und etwas getan hat, von dem sie wünscht, sie hätte es getan. Er beschloß, den Zettel ungelesen zurückzugeben. Gleichzeitig bemerkte Adler mit einem bestürzenden Gefühl plötzlichen Verlustes, daß er den Zettel, auch wenn er gewollt hätte, gar nicht lesen konnte, denn das Papier war nicht in seine Tasche gelangt, sondern auf den Boden gefallen. Der Anblick des zusammengefalteten gelben Papierchens zu seinen Füßen verursachte ihm Übelkeit. Karla starrte darauf, als durchlebe sie einen früheren Traum. Sie hatte den Zettel oben in ihrem Arbeitszimmer geschrieben, und es stand darauf: »Liebster, ich kann dich nicht treffen, ich bin im sechsten Monat schwanger.«

Bevor einer von beiden sich rühren konnte, um das Papier aufzuheben oder es auch liegenzulassen, wo es lag, hatte Shirley es aufgehoben.

»Haben Sie das fallen lassen?« fragte sie Clem Harris.

Adler stieg das Blut in den Kopf. Er kam sich wie ein dummer Junge vor. Ich bin blamiert und verdiene es.

Aber Harris faltete den Zettel nicht auseinander. Er reichte ihn seinem früheren Studenten. »Mir gehört es nicht, vielleicht Ihnen?«

»Eine Adresse, die ich mir aufgeschrieben habe«, sagte Adler. Er stand auf. »Ich muß morgen den Frühzug nach Boston kriegen.«

Ada und Ralph Lewin waren die ersten, die gute Nacht sagten.

»Bon Voyage«, sagte Shirley.

Harris brachte Adler seinen Mantel und half ihm hinein. Sie schüttelten sich herzlich die Hand.

»Der Airbus ist die schnellste Verbindung nach Boston.«

Max sagte, den würde er wahrscheinlich auch nehmen. Dann verabschiedete er sich von Karla. »Danke für den schönen Abend.«

»Liebe, Heirat, Glück«, sang Karla, in ihrem kurzen gehäkelten Mini auf der Treppe stehend, hinter ihm her.

Dann läuft sie zu ihren Kleinen ins Kinderzimmer hinauf.

TEXTNACHWEISE

WYSTAN HUGH AUDEN
geboren am 21. 2. 1907 in York, gestorben am 28. 9. 1973 in Wien
Als ich eines Abends ausging, S. 44; *Seither*, S. 142; aus: Gedichte.
Poems. Aus dem Englischen u. a. von Ernst Jandl und Hilde Spiel.
Europa Verlags-AG, Wien 1973, S. 27-29; S. 181-183.

ÄSOP
6. Jh. v. Chr.
Der endlich glückliche Fischer, S. 170; aus: Äsopische Fabeln. Aus dem
Englischen übertragen und mit einer Vorrede von Gotthold Ephraim
Lessing nach der Ausgabe von Samuel Richardson. Herausgegeben von
Walter Pape. Diogenes Verlag AG Zürich 1999, S. 136.

CHARLES BAUDELAIRE
geboren am 9. 4. 1821 in Paris, gestorben am 31. 8. 1867 in Paris
Aufschwung, S. 105; aus: Stefan George, Sämtliche Werke in 18 Bänden. Herausgegeben von der Stefan George-Stiftung, Stuttgart. Band
13/14: Baudelaire. Die Blumen des Bösen. Umdichtungen. Bearbeitet
von Georg P. Landmann. Klett-Cotta, Stuttgart 1983, S. 13.

JÜRGEN BECKER
geboren am 10. 7. 1932 in Köln
Frühe Abende, S. 44; aus: Gedichte 1965-1980. © Suhrkamp Verlag
Frankfurt am Main 1981, S. 341.

GOTTFRIED BENN
geboren am 2. 5. 1886 in Mansfeld/Westprignitz, gestorben am 7. 7.
1956 in Berlin
Letzter Frühling, S. 54; *März. Brief nach Meran*, S. 117; aus: Sämtliche
Gedichte. Klett-Cotta, Stuttgart 1998, S. 305; S. 274.

BERTOLT BRECHT
geboren am 10. 2. 1898 in Augsburg, gestorben am 14. 8. 1956 in Berlin

Die Liebenden, S. 136; aus: Gesammelte Gedichte. Band 4. Suhrkamp Verlag Frankfurt am Main 1976, S. 1129-1130. © Suhrkamp Verlag Frankfurt am Main 1960.

CLEMENS BRENTANO
geboren am 8. 9. 1778 in Ehrenbreitstein am Rhein, gestorben am 28. 7. 1842 in Aschaffenburg
Heimatsgefühl, S. 106; aus: Ausgewählte Werke. Ausgewählt von Curt Hohoff. Carl Hanser Verlag, München o. J., S. 98-99. *Hast du nicht mein Glück gesehen?*, S. 144; aus: Gedichte. Herausgegeben von Wolfgang Frühwald, Bernhard Gajek und Friedhelm Kemp. Deutscher Taschenbuch Verlag GmbH & Co. KG, München 1977, S. 537-541.

HAROLD BRODKEY
geboren am 25. 10. 1930 in Staunton/Illinois, gestorben am 27. 1. 1996 in New York
Ein glücklicher Tag, S. 29; aus: Erste Liebe und andere Sorgen. Erzählungen. Aus dem Amerikanischen von Elizabeth Gilbert. Copyright © 1968 Diogenes Verlag AG Zürich, S. 203-216.

ROBERT BROWNING
geboren am 7. 5. 1812 in Camberwell/London, gestorben am 12. 12. 1889 in Venedig
Lied, S. 19; *Heimwärts-Gedanken aus der Ferne*, S. 107; aus: Die Lyra des Orpheus. Lyrik der Völker in deutscher Nachdichtung. Herausgegeben von Felix Braun. Wilhelm Heyne Verlag, München 1978, S. 669; S. 667-668.

ELIAS CANETTI
geboren am 25. 7. 1905 in Rustschuk/Bulgarien, gestorben am 14. 8. 1994 in Zürich
Die gerettete Zunge, S. 92; aus: Die gerettete Zunge. Geschichte einer Jugend. Fischer Taschenbuch Verlag GmbH, Frankfurt am Main 1979, S. 82-87. © 1978 Carl Hanser Verlag, München/Wien.

PAUL CELAN

geboren am 23. 11. 1920 in Czernowitz, gestorben Ende April 1970 in Paris
Das ganze Leben, S. 82; aus: Gesammelte Werke in fünf Bänden. Band 1. Herausgegeben von Beda Allemann und Stefan Reichert unter Mitwirkung von Rolf Bücher. © Suhrkamp Verlag Frankfurt am Main 1983, S. 34.

ANDRÉ CHÉNIER

geboren am 30. 10. 1762 in Konstantinopel, hingerichtet am 25. 7. 1794 in Paris
Die Flöte, S. 69; aus: Die Lyra des Orpheus. Lyrik der Völker in deutscher Nachdichtung. Herausgegeben von Felix Braun. Wilhelm Heyne Verlag, München 1978, S. 439-440.

CHINESISCHE LYRIK (ANONYM)

Dieser Tage Freudentaumel, S. 25; aus: Chinesische Lyrik aus zwei Jahrtausenden. Ins Deutsche übertragen von Franziska Meister. Marion von Schröder Verlag, Hamburg 1951, S. 55.

MATTHIAS CLAUDIUS

geboren am 15. 8. 1740 in Reinfeld/Holstein, gestorben am 21. 1. 1815 in Hamburg
Der Frühling. Am ersten Maimorgen, S. 49; aus: Es gibt was Beßres in der Welt. Ausgewählte Werke. C. Bertelsmann Verlag 1955, S. 53.

DANTE ALIGHIERI

geboren im Mai 1256 in Florenz, gestorben 14. 9. 1321 in Ravenna
Sonett, S. 132; aus: Das neue Leben des Dante Alighieri. Aus dem Italienischen neu übertragen von Karl Federn. Euphorion Verlag, Berlin 1921, S. 41-42.

FRIEDRICH DÜRRENMATT

geboren am 5. 1. 1921 in Konolfingen bei Bern, gestorben am 14. 12. 1990 in Neuenburg
Meere, S. 118; aus: Das Mögliche ist ungeheuer. Ausgewählte Gedichte. Copyright © 1993 Diogenes Verlag AG Zürich 1993, S. 76.

SIMONE FRIELING
geboren am 6. 8. 1957 in Wuppertal
Abendliche Reise, S. 98; aus: Adoption. In: Mutproben und andere Erzählungen. © Gollenstein Verlag, Blieskastel 1997, S. 129-134.

MAX FRISCH
geboren am 15. 5. 1911 in Zürich, gestorben am 4. 4. 1991 in Zürich
Glück in Griechenland, S. 119; aus: Gesammelte Werke in zeitlicher
Folge. Band 1. Herausgegeben von Hans Mayer unter Mitwirkung
von Walter Schmitz. © Suhrkamp Verlag Frankfurt am Main 1976,
S. 57-65.

STEFAN GEORGE
geboren am 12. 7. 1868 in Büdesheim, gestorben am 4. 12. 1933 in
Minusio bei Locarno
Es lacht in dem steigenden jahr dir, S. 80; aus: Sämtliche Werke in
18 Bänden. Herausgegeben von der Stefan George-Stiftung, Stuttgart.
Band 4: Das Jahr der Seele. Bearbeitet von Georg P. Landmann. Klett-
Cotta, Stuttgart 1982, S. 89.

PAUL GERHARDT
geboren am 12. 3. 1607 in Gräfenhainichen, gestorben am 27. 5. 1676
in Lübben
Die güldne Sonne, S. 19; aus: Wach auf, mein Herz, und singe. Gesamt-
ausgabe seiner Lieder und Gedichte. Herausgegeben von Eberhard von
Cranach-Sichart. Oncken Verlag, Wuppertal und Kassel 1982, S. 85-
86.

GÖTFRIT VON STRASBURG
geboren in der zweiten Hälfte des 12. Jh., gestorben in der ersten Hälfte
des 13. Jh.
Glück – das steigt unheimlich auf und ab ..., S. 19; aus: Deutsche Lyrik
des Mittelalters. Auswahl und Übersetzung von Max Wehrli. Zürich
1955.

JOHANN WOLFGANG GOETHE

geboren am 28. 8. 1749 in Frankfurt am Main, gestorben am 22. 3.
1832 in Weimar
Der Bräutigam, S. 134; aus: Goethes Gedichte in zeitlicher Folge. Herausgegeben von Heinz Nicolai. Insel Verlag Frankfurt am Main 1982,
S. 1150.

LEOPOLD FR. G. VON GÖCKINGK

geboren am 13. 7. 1748 in Gröningen bei Haberstadt, gestorben am
18. 2. 1828 in Wartenberg/Schlesien
An Nantchen, S. 131; aus: Echtermeyer. Deutsche Gedichte. Von den
Anfängen bis zur Gegenwart. Neugestaltet von Benno von Wiese. August Bagel Verlag, Düsseldorf 1966, S. 155.

GEBRÜDER GRIMM

Jacob Grimm
geboren am 4. 1. 1785 in Hanau am Main, gestorben am 20. 9. 1863 in
Berlin
Wilhelm Grimm
geboren am 24. 2. 1786 in Hanau am Main, gestorben am 16. 12.
1859 in Berlin
Hans im Glück, S. 170; aus: Kinder- und Hausmärchen. Gesammelt
durch die Brüder Grimm. Winkler Verlag, München 1984, S. 419-
427.

SEAMUS HEANEY

geboren 1939 in Derry, Nord-Irland
Mai, S. 55; aus: Englische Lyrik der Gegenwart. Gedichte ab 1945.
Originaltexte und deutsche Prosaübertragung. Herausgegeben und
übersetzt von Michael Butler und Ilsabe Arnold-Dielewicz. Beck'sche
Reihe Nr. 232. Verlag C. H. Beck, München 1981, S. 238-239.

FRIEDRICH HEBBEL

geboren am 18. 3. 1813 in Wesselburen in Holstein, gestorben am
13. 12. 1863 in Wien
Gebet, S. 80; aus: Werke in zwei Bänden. Erster Band. Herausgegeben
von Karl Pörnbacher. Textauswahl von Gerhard Fricke. Anmerkungen

von Karl Pörnbacher unter Mitwirkung von Werner Keller. Carl Hanser Verlag, München/Wien 1978, S. 19.

JOHANN GOTTFRIED HERDER
geboren am 25. 8. 1744 in Mohrungen in Ostpreußen, gestorben am 18. 12. 1803 in Weimar
Die Fahrt zur Geliebten, S. 133; aus: Echtermeyer. Deutsche Gedichte. Von den Anfängen bis zur Gegenwart. Neugestaltet von Benno von Wiese. August Bagel Verlag, Düsseldorf 1966, S. 173.

HERMANN HESSE
geboren am 2. 7. 1877 in Calw, gestorben am 9. 8. 1962 in Montagnola/Tessin
In Sand geschrieben, S. 75; aus: Die Gedichte. Herausgegeben von Volker Michels. © dieser Ausgabe: Suhrkamp Verlag Frankfurt am Main 1992, S. 698-699.

LUDWIG HOHL
geboren 1904 in Netstal/Schweiz, gestorben am 3. 11. 1980 in Genf
Die Notizen, S. 154; aus: Die Notizen oder Von der unvoreiligen Versöhnung. © Suhrkamp Verlag Frankfurt am Main 1981, S. 84.

ARNO HOLZ
geboren am 26. 4. 1863 in Rastenburg, gestorben am 26. 10. 1929 in Berlin
Aus Phantasus, S. 71; aus: Phantasus. Herausgegeben von Gerhard Schulz. Philipp Reclam jun., Stuttgart 1968, S. 21.

THOMAS HOOD
geboren am 23. 5. 1799 in London, gestorben am 3. 5. 1845 in London
Ode an meinen Sohn, S. 67; aus: Die Lyra des Orpheus. Herausgegeben von Felix Braun. Wilhelm Heyne Verlag, München 1978, S. 661-663.

FRIEDRICH HÖLDERLIN
geboren am 20. 3. 1770 in Lauffen am Neckar, gestorben am 7. 6. 1843 in Tübingen
Da ich ein Knabe war, S. 65; *Heidelberg*, S. 111; aus: Sämtliche Ge-

dichte. Herausgegeben von Jochen Schmidt. Insel Verlag Frankfurt am Main und Leipzig 1999, S. 208-209; S. 242-243.

LUDWIG HEINRICH CHRISTOPH HÖLTY
geboren am 12. 12. 1748 in Mariensee bei Hannover, gestorben am 1. 9. 1776 in Hannover
Aufmunterung zur Freude, S. 66; aus: Echtermeyer. Deutsche Gedichte. Von den Anfängen bis zur Gegenwart. Neugestaltet von Benno von Wiese. August Bagel Verlag, Düsseldorf 1966, S. 158.

JOHANN GEORG JACOBI
geboren am 2. 9. 1740 in Düsseldorf, gestorben am 4. 1. 1814 in Freiburg i. Br.
Erinnerung, S. 149; aus: Echtermeyer. Deutsche Gedichte. Von den Anfängen bis zur Gegenwart. Neugestaltet von Benno von Wiese. August Bagel Verlag, Düsseldorf 1966, S. 136.

ERICH KÄSTNER
geboren am 23. 2. 1899 in Dresden, gestorben am 29. 7. 1974 in München
Im Auto über Land, S. 28; *Prima Wetter*, S. 58; aus: Doktor Erich Kästners lyrische Hausapotheke. Atrium Verlag, Zürich 1936, S. 174; S. 178. © Atrium Verlag, Zürich und Thomas Kästner.

FRIEDRICH GOTTLIEB KLOPSTOCK
geboren am 2. 7. 1724 in Quedlinburg, gestorben am 14. 3. 1803 in Hamburg
Die Frühlingsfeier (gekürzt), S. 50; *Das Wiedersehn*, S. 79; *Der Zürchersee*, S. 108; aus: Ausgewählte Werke in einem Band. Herausgegeben von Karl August Schleiden. Carl Hanser Verlag München, o. J., S. 90; S. 80-81; S. 26-28.

KARL KRAUS
geboren am 28. 4. 1874 in Gitschin, gestorben am 12. 6. 1936 in Wien
Verwandlung, S. 54; aus: Schriften. Herausgegeben von Christian Wagenknecht. Band 9: Gedichte. © Suhrkamp Verlag Frankfurt am Main 1989, S. 9.

JÜRGEN KROSS
geboren 1937 in Hirschberg
am rand des glücks, S. 81; Erstveröffentlichung. Abdruck mit freundlicher Genehmigung des Autors.

SELMA LAGERLÖF
geboren am 20. 11. 1858 auf Gut Marbacka/Värmland, gestorben
ebenda am 16. 3. 1940
Noch ein Stück Lebensgeschichte, S. 87; aus: Gesammelte Werke.
Band 6: Ein Stück Lebensgeschichte. Übersetzt von Marie Franzos.
© by nymphenburger in der F.A. Herbig Verlagsbuchhandlung
GmbH, München.

DIETER LEISEGANG
geboren am 25. 11. 1942 in Wiesbaden, gestorben am 21. 3. 1973 in
Offenbach/Main
Glücklich und endlich, S. 43; aus: Lauter letzte Worte. Gedichte und
Miniaturen. Herausgegeben von Karl Corino. © Suhrkamp Verlag
Frankfurt am Main 1980, S. 110.

NIKOLAUS LENAU
geboren am 13. 8. 1802 in Lenauheim/Rumänien, gestorben am 22. 8.
1850 in Oberdöbling/Wien
Die Göttin des Glücks, S. 23; aus: Lenaus Werke. Herausgegeben von
Carl Hepp. Band 1. Bibliographisches Institut, Leipzig und Wien o. J.,
S. 6.

GIACOMO LEOPARDI
geboren am 29. 6. 1798 in Recanati, gestorben am 14. 6. 1837 in
Neapel
Samstag im Dorf, S. 41; aus: Gedichte und Prosa. Ausgewählt und
übersetzt von Ludwig Wolde. © Insel Verlag Frankfurt am Main 1979,
S. 76-77.

DETLEV VON LILIENCRON
geboren am 3. 6. 1844 in Kiel, gestorben am 22. 7. 1909 in Alt-Rahl-
stedt bei Hamburg

Einen Sommer lang, S. 57; aus: Gesammelte Werke. Band 3: Gedichte. Schuster & Loeffler, Berlin 1911, S. 80-81.

ROSA LUXEMBURG
geboren am 5. 3. 1871 in Zamocz, ermordet am 15. 1. 1919 in Berlin
An Sophie Liebknecht aus dem Gefängnis, S. 57; aus: Briefe aus dem Gefängnis. Dietz Verlag, Berlin 1972, S. 40 f.

BERNARD MALAMUD
geboren am 26. 4. 1914 in New York, gestorben am 18. 3. 1986 in New York
Briefchen von einer Dame bei einer Dinnerparty, S. 176; aus: Rembrandts Hut. Aus dem Amerikanischen von Annemarie Böll. © 1977 by Verlag Kiepenheuer & Witsch Köln, S. 161-179.

ERNST MEISTER
geboren am 3. 9. 1911 in Hagen, gestorben am 15. 6. 1979 in Hagen
Fermate, S. 78; aus: Der Südwind sagte zu mir. Fermate. Gedichte. © Rimbaud Verlag, Aachen 1986, S. 45.

CZESŁAW MIŁOSZ
geboren am 30. 6. 1911 in Seteiniai/Litauen
Stunde, S. 25; *Gabe*, S. 41; aus: Gedichte 1933-1981. Aus dem Polnischen von Karl Dedecius und Jeannine Łuczak-Wild. © Suhrkamp Verlag Frankfurt am Main 1982, S. 170; S. 169.

TAU YÜAN MING
365-427 n. Chr.
Auf ein Buch gebeugt, S. 85; aus: Staub von einer Bambusblüte. Dem Chinesischen nachgedichtet von Georg Schneider. © by Langen Müller in der F. A. Herbig Verlagsbuchhandlung GmbH, München.

EUGENIO MONTALE
geboren am 12. 10. 1896 in Genua, gestorben am 12. 9. 1981 in Mailand
Glorie des Mittags, S. 40; aus: Glorie des Mittags. Ausgewählte Gedichte. Übertragung und Nachwort von Herbert Frenzel. © Piper Verlag GmbH, München 1960, S. 21.

EDUARD MÖRIKE
geboren am 8. 9. 1804 in Ludwigsburg, gestorben am 4. 6. 1875 in
Stuttgart
An einem Wintermorgen, vor Sonnenaufgang, S. 59; aus: Gedichte in
einem Band. Herausgegeben von Bernhard Zeller. Insel Verlag Frankfurt am Main und Leipzig 2001, S. 9-10.

ROBERT MUSIL
geboren am 6. 11. 1880 in Klagenfurt, gestorben am 15. 4. 1942 in
Genf
Der Mann ohne Eigenschaften, S. 73; aus: Der Mann ohne Eigen-
schaften. Roman. In: Gesammelte Werke. © 1978 by Rowohlt Verlag
GmbH, Reinbek.

ALFRED DE MUSSET
geboren am 11. 12. 1810 in Paris, gestorben am 2. 5. 1857 in Paris
Venedig, S. 114; aus: Die Lyra des Orpheus. Lyrik der Völker in
deutscher Nachdichtung. Herausgegeben von Felix Braun. Wilhelm
Heyne Verlag, München 1978, S. 465.

FRIEDRICH NIETZSCHE
geboren am 15. 10. 1844 in Röcken bei Lützen, gestorben am 25. 8.
1900 in Weimar
Mein Glück!, S. 116; aus: Morgenröte. Idyllen aus Messina. Die fröh-
liche Wissenschaft. Kritische Studienausgabe. Herausgegeben von
Giorgio Colli und Mazzino Montinari. Deutscher Taschenbuch Verlag
GmbH & Co. KG, München. Lizenzausgabe des Verlags Walter de
Gruyter, Berlin/New York 1988, S. 648.

NOVALIS
geboren am 2. 5. 1752 in Oberwiederstedt, gestorben am 25. 3. 1801
in Weißenfels
Fern im Osten wird es helle, S. 51; aus: Werke. Herausgegeben und
kommentiert von Gerhard Schulz. Studienausgabe. Verlag C. H. Beck,
München 1981, S. 57-58.

FRANCESCO PETRARCA
geboren am 20. 7. 1304 in Arezzo, gestorben am 18. 7. 1374 in Arqua
Glückliche Seele, S. 149; aus: Dichtungen. Briefe. Schriften. Auswahl und Einleitung von Hanns W. Eppelsheimer. © Insel Verlag Frankfurt am Main 1980, S. 60.

AUGUST VON PLATEN
geboren am 24. 10. 1796 in Ansbach, gestorben am 5. 12. 1835 in Syrakus
Venedig, S. 112; aus: Wer wußte je das Leben? Ausgewählte Gedichte. Herausgegeben von Rüdiger Görner. Insel Verlag Frankfurt am Main und Leipzig 1996, S. 149-150.

MARCEL PROUST
geboren am 10. 7. 1871 in Paris, gestorben am 18. 11. 1922 in Paris
Auf der Suche nach der verlorenen Zeit, S. 89; aus: Auf der Suche nach der verlorenen Zeit. Band 1: In Swanns Welt. © Suhrkamp Verlag Frankfurt am Main 1979, S. 59-61.

FRANCISCO DE QUEVEDO
geboren am 26. 9. 1580 in Madrid, gestorben am 8. 9. 1645 in Villanueva de los Infantes
Aus dem Turm, S. 86; aus: Aus dem Turm. Sonette. Spanisch – deutsch. Ausgewählt und übertragen von Werner von Koppenfels. Henssel Verlag, Berlin 1981, S. 27.

RAINER MARIA RILKE
geboren am 4. 12. 1875 in Prag, gestorben am 29. 12. 1926 in Val Mont/Schweiz
Natur ist glücklich, S. 55; *Die Aufzeichnungen des Malte Laurids Brigge*, S. 85; *Hebend die Blicke vom Buch*, S. 101; aus: Werke. Kommentierte Ausgabe in vier Bänden. © Insel Verlag Frankfurt am Main und Leipzig 1996. Band 2, S. 160; Band 3, S. 479-480; Band 2, S. 94.

DANTE GABRIEL ROSSETTI
geboren am 12. 5. 1828 in London, gestorben am 9. 4. 1882 in Kent
Hochzeitsschlaf, S. 135; aus: Die Lyra des Orpheus. Lyrik der Völker in
deutscher Nachdichtung. Herausgegeben von Felix Braun. Wilhelm
Heyne Verlag, München 1978, S. 671.

JOSEPH ROTH
geboren am 2. 9. 1894 in Brody/Lemberg, gestorben am 27. 5. 1939 in
Paris
Die zweite Liebe, S. 137; aus: Die zweite Liebe. Geschichten und Ge-
stalten. © 1993 by Verlag Kiepenheuer & Witsch Köln und Verlag
Allert de Lange Amsterdam, S. 67-73.

HUBERT SELBY
geboren am 23. 7. 1928 in New York
Glückskekse, S. 155; aus: Lied vom stillen Schnee. Aus dem Amerikanischen von Oliver Huzly und Kristof Hahn. Verlag Ullstein GmbH,
Frankfurt am Main und Berlin 1989, S. 41-51. Copyright © 1986 by
Hubert Selby, Jr. Abdruck mit freundlicher Genehmigung des Autors.

WOLFDIETRICH SCHNURRE
geboren am 22. 8. 1920 in Frankfurt am Main, gestorben am 9. 6.
1989 in Kiel
Was ich für mein Leben gern tue, S. 26; aus: Was ich für mein Leben
gern tue. Hand und Fußnoten. Verlag Ullstein GmbH, Frankfurt am
Main/Berlin/Wien 1980, S. 8-9.

RUDOLF ALEXANDER SCHRÖDER
geboren am 26. 1. 1878 in Bremen, gestorben am 22. 8. 1962 in Bad
Wiessee
Mühlenthal, S. 117; aus: Gesammelte Werke. Band 1: Die Gedichte.
© Suhrkamp Verlag Frankfurt am Main 1952, S. 388.

SPRÜCHE DER WEISEN
Sprüche der Weisen, S. 153; aus: Jüdische Weisheit aus drei Jahrtausenden. Gesammelt von Israel Steinberg. Ausgewählt und ins Deutsche

übertragen von Salcia Landmann. Deutscher Taschenbuch Verlag GmbH & Co. KG, München 1968, S. 36.

ERNST STADLER
geboren am 11. 8. 1883 in Colmar/Elsaß, gestorben am 30. 10. 1914 in Ypern
Vorfrühling, S. 53; aus: Dichtungen. Gedichte und Übertragungen mit einer Auswahl der kleinen kritischen Schriften und Briefe. Band 1. Verlag Heinrich Ellermann Hamburg o.J., S. 124.

THEODOR STORM
geboren am 14. 9. 1817 in Husum, gestorben am 4. 7. 1888 in Hademarschen
Ein grünes Blatt, S. 61; aus: Gedichte. Novellen. 1848-1867. Herausgegeben von Dieter Lohmeier. Deutscher Klassiker Verlag Frankfurt am Main 1987, S. 18.

WISŁAWA SZYMBORSKA
geboren am 2. 7. 1923 in Bnin bei Posen
Ein großes Glück, S. 76; aus: Auf Wiedersehen. Bis morgen. Gedichte. Ausgewählt und übertragen von Karl Dedecius. © Suhrkamp Verlag Frankfurt am Main 1998, S. 42.

TOMAS TRANSTRÖMER
geboren am 15. 4. 1931 in Stockholm
Leberblümchen, S. 49; *Atempause Juli*, S. 56; aus: Sämtliche Gedichte. Aus dem Schwedischen von Hans Grössel. © 1997 Carl Hanser Verlag, München/Wien.

LUDWIG UHLAND
geboren am 26. 4. 1787 in Tübingen, gestorben am 13. 11. 1862 in Tübingen
Frühlingsglaube, S. 52; aus: Werke. Band 1: Sämtliche Gedichte. Herausgegeben von Hartmut Fröschle und Walter Scheffler. Winkler Verlag, München 1982, S. 31.

JOHN UPDIKE
geboren am 18. 3. 1932 in Shillington/Pennsylvania
Selbst-Bewußtsein, S. 69; aus: Selbst-Bewußtsein. Erinnerungen. Aus dem Amerikanischen von Maria Carlsson. © 1990 by Rowohlt Verlag GmbH, Reinbek, S. 51-53.

LOPE DE VEGA
geboren 1562, gestorben 1635
Glück in Liebe, Spiel und Dichtung, S. 153; aus: Lyrik der Welt. Lyrik des Abendlands. Gemeinsam mit Hans Hennecke, Curt Hohoff und Karl Vossler ausgewählt von Georg Britting. Carl Hanser Verlag München 1982, S. 222.

KURT VONNEGUT
geboren am 11. 11. 1922 in Indianapolis/Indiana
Dann lieber gleich tot, S. 154; aus: Dann lieber gleich tot. Eine autobiographische Collage der achtziger Jahre. Aus dem Amerikanischen von Klaus Birkenhauer. Straelener Manuskripte Verlags-GmbH 1993, S. 11.

FRANZ WERFEL
geboren am 10. 9. 1890 in Prag, gestorben am 26. 8. 1945 in Beverly Hills/Calif.
Der schöne strahlende Mensch, S. 43; aus: Gesammelte Gedichte 1908-1945. Herausgegeben von A. D. Klarmann. © S. Fischer Verlag GmbH, Frankfurt am Main.

MARIANNE VON WILLEMER
geboren am 20. 11. 1784 in Linz, gestorben am 6. 12. 1860 in Frankfurt am Main
Hochbeglückt in deiner Liebe, S. 131; aus: Zeit und Ewigkeit. 1000 Jahre Österreichische Lyrik. Herausgegeben und eingeleitet von Joachim Schondorff. Claassen Verlag GmbH, Düsseldorf 1980, S. 147.